管理職のオキテ

明るい公務員講座

内閣官房参与
元復興庁事務次官
岡本 全勝

はじめに

本書は、管理職やこれから管理職になる人向けの教科書です。どのようにしたら、課の業務を効率よく仕上げることができるか。部下を指導することができるか。そして、良い職場をつくることができるか。

いよいよ、あなたも課長です。

課長になることは、大きな喜びです。「○○課長」と肩書の入った名刺を持って、誰もが「私も課長になった」と感慨を持ちます。

しかし、課長の名刺には、課長の責任が伴います。あなたは部下を持ち、課という組織と業務を管理しなければなりません。課長の席に座っているだけでは、仕事は進みません。

仕事のできる係長や課長補佐が、課長に昇任します。では、良い課長補佐の延長に良い課長があるか。そうではありません。多くの人がここで戸惑い、ここでつまずきます。

前著『明るい公務員講座』と『明るい公務員講座　仕事の達人編』を参考にして、仕事の能率は上がりましたか。良い成果が出るようになりましたか。自信を持てるようになったら、次の段階に進みましょう。

本書では、管理職に必要な技能とともに、職員とは何が違うか、どうしたら良い管理職になることができるかをお教えします。なお、本書では「管理職」の代表として「課長」の仕事を説明します。

名付けて『明るい公務員講座　管理職のオキテ』です。

目次

第1章

課長に脱皮する

第1講

選手と監督の違い

課長職に必要な技能の話の前に、課長にとって重要な心構えをお話しします。それは一言で言えば、「仕事のできる職員の延長に、課長職があるのではない」ということです。

職員に求められる役割と、課長に求められる役割とは、違います。

「当たり前だ」と思うでしょうが、これに気付かない人が多いのです。「仕事ができる係長がさらに仕事術を磨いて課長になる」「私は仕事ぶりが認められて課長になった。だから、私は良い課長になれる」と思っている人が多いのです。それは、間違いです。

課長職は職員の延長ではない

職員と課長の違いは何でしょうか。職員は、与えられた課題を処理することが役割です。それに対し課長は、職員を使って成果を出すことが任務です。一人で仕事をして良い成果を出すことと、職員を使って良い成果を出すこととは、大きく異なります。「仕事を片付ける」という点は同じであっても、するべき内容が違うのです。

野球のチームを考えてください。選手に必要な能力は、走る、打つ、守るです。しかし、監督に求められる能力は、走攻守ではありません。監督の役割は、選手を使って試合に勝つことです。自分で打って走ることではありません。監督に求められる能力は、選手を育て、良い作戦を考え、その場面に適切な選手を起用することです。

監督はサインを出す人であり、選手はサインに従いプレーをする人です。同様に職場では、課長は指示を出す人であり、職員は指示を受けて事務を処理する人です。そして、監督が試合の結果に責任を持つように、課長は業務の成果に責任を持たなければなりません。

野球では、選手は守備につき打席に入るのに対し、監督はベンチから指示を出しています。サッカーではさらに、監督はユニフォームも着ず、スーツ姿です。これらは一目で、選手と監督の役割の違いが分かります。それに比べ職場では、課長も職員と同様に資料を読み、パソコンを打っています。やっていることに、あまり差がないように見えます。ここに落とし穴があります。同じような作業をしているように見えて、課長は、職員とは全く違う役割をしなければならないのです。

あなたは、経験を積み、能力を磨いて、係長から課長補佐へ、そして課長に昇進します。しかし、係長としての事務処理能力に優れているだけでは、良い課長にはなれません。係長が課長になるためには、「脱皮」が必要なのです。

もう一度、スポーツの例を出しましょう。サッカー界では、監督になるためには、日本サッカー協会公認のコーチ資格が必要です。そのためには、講習会やチーム指導などの経験が必要です。名選手であっても、これらを終えないと、指導者になれないのです。

職員は課長より劣る

課長が陥りやすい間違いを、取り上げましょう。

「私の部下は出来が悪くて……」と、愚痴を言う課長がいます。そのような人には、私は「職員があなたよりできたら、困るだろう。もしそうだったら、その人を課長にして、あなたを係長にするよ」と笑って言い返します。愚痴を言いたい気持ちは分かりますが、そもそも、その発想が間違っています。

上司は、部下より能力が上です。通常は係員よりは係長が、係長よりは課長補佐が、経験が豊富で判断力が優れています。そして、たくさんいる同僚の中でも、あなたは仕事ができるから、課長に昇任したのです。つまり、あなたは、他の職員より優秀なのです。それは自信を持ってよいことです。それを忘れて、職員に自分と同じ能力や成果を求めてはいけません。職員は、仕事の能力において、あなたより劣るのです。

あなたも若い時は、彼ら程度の出来だったのです。その後、経験を積み、能力を磨いてきたことを忘れていませんか。今の自分を基準にして、職員を評価してはかわいそうです。その職員たちを使って、仕事を仕上げる。同時に、職員たちを育てることが、あなたの役目です。

優秀な係長が良い課長にならない理由

優秀な職員から、課長が選ばれます。しかし、仕事ができる係長が、良い課長にならない場合があります。なぜでしょうか。

職場には、「鬼軍曹」というあだ名の職員がいることがあります。よく仕事ができて、厳しいけれども、部下の面倒見がよい係長です。仕事のできない部下や同僚の肩代わりをし、先頭に立って難しい仕事を片付けてくれます。頼もしい限りです。ところが、彼が課長になると、成果が上がらないことがあるのです。

鬼軍曹は、事務処理が人一倍できる人です。上司や同僚からも、高い評価を得ているでしょう。本人も、それを自負していると思います。ところがその仕事ぶりのまま課長になると、成果の上がらない職員を見て、自ら処理を始めます。そして、「私がやれば、この通り速くかつ良い結果が出る」と考えます。確かに彼の方が仕事は速く、成果も出るのです。

ところが、それを見た職員は「じゃあ、課長に任せておこう」と考えるようになります。このようなことが続くと、「私が考えて案を持って行っても、どうせ課長は私の案を採用せずに、自分で書いてくれるから」と、手を抜くようにもなります。これが重なると、課長はますます「やはり私がしなければ」と職員がすべき事務処理に精を出し、職員は「これは楽ちん」と、手を抜くようになります。

優秀な課長は、職員に比べ、より多くの仕事ができます。しかし、それはせいぜい2人分でしょう。優秀な監督が選手を兼任しても、1人で9人の役割はできません。同じように、課としての仕事を仕上げるには、全職員に能力を発揮してもらわなければなりません。

課長になるには脱皮が必要

今、取り上げた鬼軍曹は、優秀な係長のままだったために、課長に脱皮することに失敗したのです。課長の役割は、自分より能力の低い職員を使って、成果を出すことです。同時に、職員を育てることです。未熟な職員の肩代わりをすることではありません。

人事の「べからず集」に、係長や課長補佐を、同じ課で課長に直接昇任させないという原則があります。彼や彼女は、その課での仕事ぶりが認められて昇任します。すると、仕方も含めて今までの仕事の仕方を持ったままで、課長になってしまうことが多いのです。課の仕事に通暁していて、他の職員よりそれらの仕事ができます。しかし、それが彼や彼女の仕事の仕方を変えることの妨げになるのです。

課長になるには、成長だけでなく「脱皮」が必要です。

青虫は、目の前の葉っぱをひたすらかじって、大きくなればよいのです。しかし、そのままではチョウになれません。チョウになるためには、脱皮しなければなりません。チョウになると、卵を産むために、空から青虫が食べることのできる葉っぱを探さなければなりません。葉っぱを食べることは、青虫に任せておくのです。

課長になるためには、大きな青虫になればよいのではありません。空から青虫たちを見守るチョウを目指しましょう。

第1講の教訓

- □ 職員と課長とでは、求められる役割が違います。
- □ 課長が職員と同じ仕事をして、職員と競争してはいけません。
- □ 課長になるには、脱皮が必要です。大きな青虫ではなく、チョウを目指しましょう。

第2講

いつもニコニコ明るい上司

さて、どうしたら良い課長になることができるか。

あなたの組織を、見回してみてください。職員から尊敬されている上司と、嫌われている上司がいるでしょう。同じ課長職でも、違いが出ますねえ。中には、仕事では良い成果を出すのに、職員の評判はいまひとつという課長もいます。慕われる課長と何が違うのでしょうか。

どのような上司が嫌われるか

良い課長を説明する前に、嫌われる課長を見てみましょう。良い課長になるために、やってはいけない例を見るのです。嫌われる上司はたくさんいますが、ここでは典型的な三つを取り上げます。それは、職員に厳しい上司、仕事ができない上司、人間性に問題がある上司です。

①職員に厳しい上司

嫌われる上司の第一は、職員に厳しい上司です。

まず、職員を叱る上司です。特に、しょっちゅう怒鳴っている上司や、感情的に叱る上司です。

小さな失敗を取り上げて叱る上司。一つの失敗について、ねちねちと追及する上司。みんな間違っています。少々の間違いは、指摘して訂正すればよいですよね。

上司が「ドナルド（怒鳴るど）ダック」では困ります。がみがみ怒鳴っている上司がいると、職場の雰囲気が悪くなります。他の職員たちも、気持ちよく仕事ができません。聞こえないふりをしてパソコンに向かいますが、仕事に集中できません。

叱られて、うれしい人はいません。失敗したことはいけないことですが、そこまでがみがみ叱らなくてもいいのに。みんなの前で叱られると、プライドが傷つきます。

恨みが残ります。心に傷を負ったり、心が折れてしまう恐れもあります。上司が職員を「打つ病」がひどくなると、職員が「鬱病」になります。

自分には優しく、職員には厳しい上司もひどいです。自分は出勤時間を守らないのに、職員が遅刻すると叱るとか。身勝手としか言いようがありません。

このような上司は、仕事に厳しいのではなく、職員を感情のはけ口にしているのです。

②仕事ができない上司

嫌われる上司の第二は、仕事ができない上司です。これには幾つかの型があります。

まず、指示が不明確な上司です。いつまでに何を仕上げるかを明確に指示してもらわないと、職員は困ります。

次に、判断ができない上司です。職員が上げた案について、ああでもないこうでもないと悩み、なかなか結論が出ません。重要な部分については判断をせず、どうでもいいところに手間をかける上司もいます。

相談に行くたびに言うことが違い、指示がころころと変わる上司も困ったものです。不必要なまでにさまざまなケースを想定して、案をたくさん作らせる上司。もちろん、作った案のほとんどは無駄になります。

あれやこれや批評はするけれど、自分では手を動かさない上司。自分でしなければならない仕事をせずに、職員に押し付けてよしとする上司。それでいて、職員の成果に文句を付ける人もいます。

判断は早いけれど、見込みが甘く結論が間違っている上司。職員の話を聞かず、独り合点で仕事を進める上司も困ります。そのような課長だと、ようやく課長の了解を取って部長に持って行っても、ひっくり返されることもあります。しかも、部長の前で守ってくれず、不機嫌になったり、責任を職員に押し付けたりする人もいます。ひどいですね。

このような上司には、相談しても無駄です。そして、無駄な作業をさせられた職員は、仕事への意欲がなくなります。

③人間性に問題がある上司

嫌われる上司の第三は、ずばり人間性に問題がある人です。外では優しいというか、不必要なまでにぺこぺこしているのに、課内では威張り散らす「内弁慶」。目上の人のご機嫌ばかり取る「コバンザメ」や「ヒラメ」。他人の悪口ばかりを言う人や、裏表がある人も嫌ですね。自慢話ばかりする人。話の主語はいつも自分、職員の話を聞かず途中で遮り、自分の意見を押し付けます。手柄は自分のものとし、うまくいかないと責任を職員に押し付ける人も嫌ですね。

好き嫌いが激しく、職員をえこひいきする人。調子の良い日と悪い日とで気分にムラがある人。困ったものです。セクシュアル・ハラスメントやパワー・ハラスメントまがいの発言をする人。服装がだらしない上司や、立ち居振る舞いが下品な上司も、嫌われます。

これらは、尊敬できない上司です。職員のお手本となるべき立場なのに、人間性に問題があるような課長には、誰もついていきません。

嫌な上司は反面教師

少々極端な事例を、列記しました。こんな絵に描いたようなひどい上司はいないでしょうが、嫌われる上司は程度の差はあれ、これらの要素を持っている人でしょう。あなたが良い上司になる方法、それは簡単です。嫌われる上司の反対のことをすればよいのです。

あなたはこれまで、何人もの上司と仕事をしたでしょう。その中には、「あの人のようになりたい」と思う、尊敬できる上司がいたでしょう。その人を目標に少しでも近づくように努力するのは、良い上司になるための王道です。とはいえ、それはなかなか難しいことです。

反対に、嫌な上司の欠点は分かっていますよね。「私の上司はよく職員を怒鳴る」とか、「あの人はよく残業をさせる」とか、「方向性がぶれる」とか。それなら、あなたは、職員を叱らないようにしましょう。職員に残業をさせないようにしましょう。仕事の方向性をきちんと示し、もし変更するならその理由を説明しましょう。

完璧を目指す必要はありません。嫌な上司より、少しでも嫌でなければよいのです。これなら簡単ですよね。嫌な上司は、あなたにとって良い反面教師です。

あなたは大丈夫？

ところで、先に挙げた「悪い上司の見本」ですが、それに当てはまる上司は、大概の場合、自分の欠点に気が付いていません。職員たちが、彼の悪口を言っていることを知りません。それどころか、「私は良い上司だ」と自信を持っています。彼に対して、「あなたは悪い上司です」と意見する人はいないのです。自分の欠点に気付かない、他人の意見を聞かない。その独り善がりの性格が、嫌な上司をつくり上げたのです。

なぜ、そのような人が管理職まで出世したのか。考えられる理由としては、あなたの組織に人材が不足しているのでしょう。あるいは、出世した人は他に優れた能力を持っていて、欠点があっても重用されているのでしょう。そうでないとするなら、人事権者がその人の欠点に気が付いていないのか、その人が上司の前ではうまく立ち回っているのかもしれません。

そのことを嘆くのではなく、あなたは、そうならないように気を付けましょう。部下も同僚も、面と向かってあなたの欠点を指摘してくれることはないでしょう。時に耳に入ってくる一言から、自分の欠点を知り、改善する必要があります。もし指摘してくれる先輩や上司がいたら、感謝しましょう。意固地になるより、早めに改めると得ですよ。改むるにはばかることなかれ、です。

飲み屋で年中出回っている、一番の酒の肴《さかな》を知っていますか。それは、「上司の悪口、自分の自慢、部下の指導」です。課長は、課長補佐の前で部長の悪口を言い、自分の自慢話をする。その課長補佐は、係長たちの前で課長の悪口を言って、自分の自慢話をする。そしてその係長たちは……。「私は大丈夫」と思っていても、きょうも部下たちは、あなたの悪口で盛り上がっているかもしれません。

この項を書きながら、私も自分を振り返って、冷や汗をかいています。

いつもニコニコ明るい上司

あなたは、先に述べたような嫌われる上司には、ならないようにしましょう。でも、これは最低限の「べからず集」です。これで満足してはいけません。嫌われない上司ではなく、職員から尊敬される良い上司を目指してください。良い課長に必要な能力については、第2章以下で詳しく説明します。その前に、職員に好かれる課長になる、最も簡単な方法をお教えしましょう。

それは、いつもニコニコしていることです。

『明るい公務員講座』第1章第1講で「職場で楽しく仕事をするこつ、そして出世するこつ。それは、『明るさ』です」とお教えしました。また、気難しい顔をしているAさんと、いつもニコニコと話を聞いてくれるBさんの例を出して、どちらの職員が周りから好かれ出世するかも、お教えしました。

上司の場合は、それ以上に重要です。気難しい顔をしているC部長と、ニコニコと話を聞いてくれるD部長。あなたなら、どちらの上司を好きになりますか。困った案件を相談したり失敗を報告したりした際に、がみがみ叱るE部長と、一緒になって考えてくれるF部長。どちらが相談しやすいですか。

実は、私も若い頃は、職員に厳しい上司でした。ある職員が私の妻に、「全勝課長は厳しいんですわ」と直訴したくらいです。私は駆け出しの頃、とても厳しい職場で鍛えられたこともあり、自分の仕事ぶりに自信を持っていました。そして、若くして課長になりました。課長になって、職員にも自分と同等のことを求めたのです。

ところが、時に求めた成果を出してくれない職員や、仕事熱心でない職員がいます。そのような職員に対して、「どうして職員たちは、もっと仕事をしてくれないのだろう」と思うこともありました。ある先輩に、そのような愚痴を言ったときに、「君はなぜ課長になっているんだ」と、私の間違いを指摘されました。それでハッと気が付いて、それから努めてニコニコするようにしました。怒りたい時もです。

上司たるもの、いつもニコニコ、笑顔でいてください。

あなたが不機嫌だと、職員たちは気軽に相談できないのです。職員は、あなたの顔色をうかがっています。「この案件を課長に相談したいんだけど、きょうは機嫌が悪そうだから、相談は先延ばしにするか」とか「この報告は叱られるだろうなあ。だったら、言われるまで黙っておこう」と。あなたも、そんな経験があるでしょう。

職場は、人間としても成長するための道場です。野球やサッカーでひいきのチームが負けた翌日も、家族とけんかした朝も、努めてニコニコしましょう。

第2講の教訓

□ 嫌われる上司は、職員を叱る厳しい上司、仕事の能力に欠ける上司、人間性に問題がある上司です。

□ 尊敬する人をまねすることで、良い上司になることができます。それが難しい場合は、嫌な上司を反面教師として、あなたはそうならないようにしましょう。

□ 目指せ、いつもニコニコ明るい上司。

第3講

課長は接客業

職員に好かれる上司になるために、いつもニコニコしていましょう。とはいえ、ニコニコしているだけでは、課の仕事は進みませんよね。しかも、課長は、職員と同じ仕事をしていてはいけません。

第2講で、まずは嫌な上司のまねをしない、という方法をお教えしましたが、次の段階では、どのようにしたら良い課長になることができるのかをお教えしましょう。

そのコツは、「課長は接客業」と心得ることです。

モノを相手にすることと、ヒトを相手にすること

課長になるためには、選手から監督に脱皮しなければなりません。もう一つ、課長

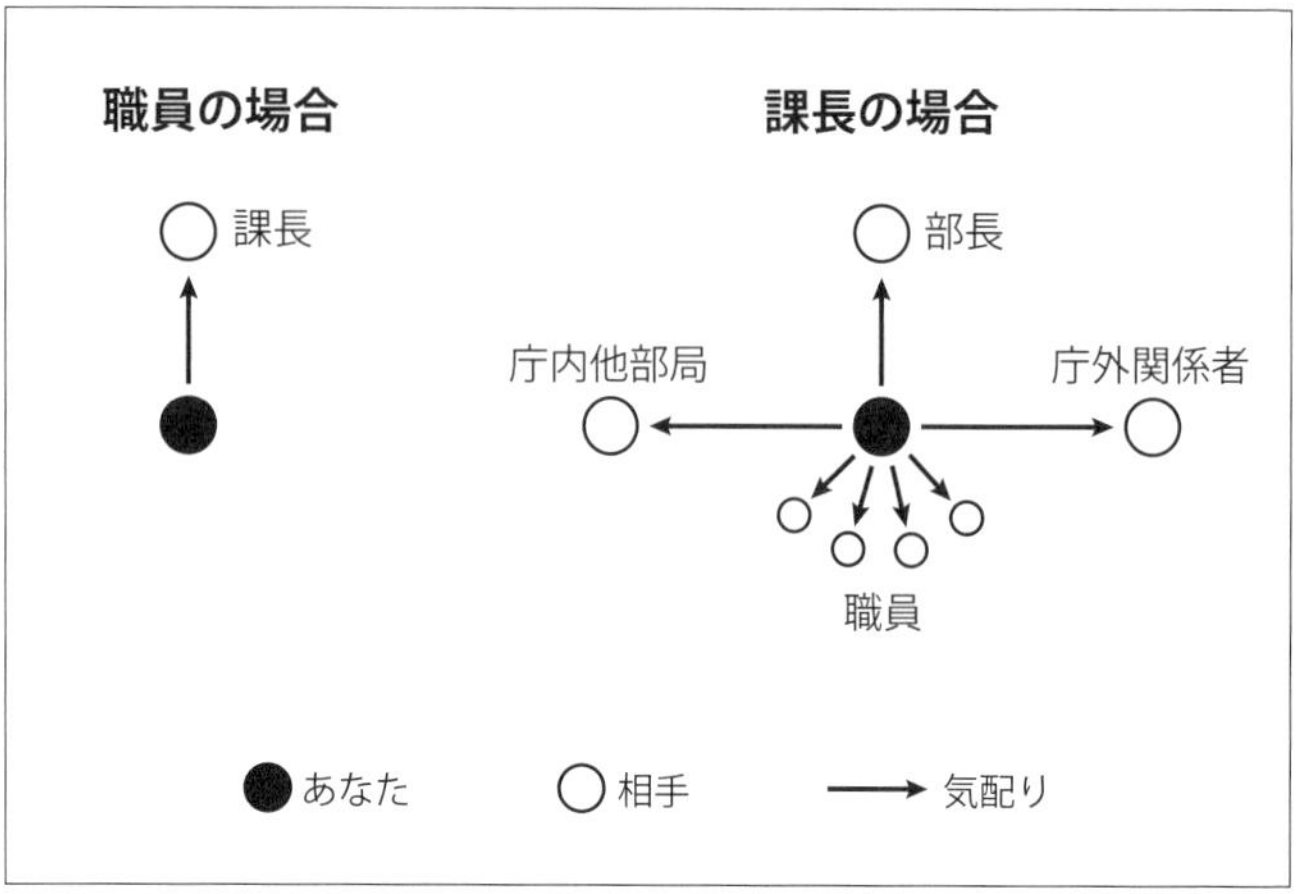

図1　職場の人間関係

になったときに、頭を切り換えなければならないことがあります。それは、職員がモノを相手にしているのに対し、課長はヒトを相手に仕事をしているということです。

課長も職員と同じように、机に書類を広げて仕事をしています。外から見たら、同じように見えます。しかし、同じように書類を広げていても、課長は職員とは違ったことに頭を使っています。その違いを一言で言えば、「資料を相手にしている」か、「人を相手にしている」かの違いです。

職員は、説明資料を作ったり、問い合わせに答えたりするため、資料を調べ、パソコンに向かいます。相手は、主に紙とパソコンです。ところが課長になると、仕事の内容とともに気を遣う相手も変わるのです。自分で資料を作るのではなく、部下に資料を作らせます。資料という紙を扱いつつ、職員という人が相手になります。さらに、自分の上司、庁内の他部局幹部、そして外部の関係者との対話が重要になります（図1参照）。

もちろん、職員も同僚との人間関係は重要であり、課長も資料に手を入れます。しかし、主たる任務が違ってくると、「相手」が違ってくるのです。単純化すると、職員は資料という「モノ」を相手にし、課長は部下と関係者という「ヒト」を相手にするのです。

そして、相手がモノからヒトに変わると、その「扱い方」を変えなければいけません。その基礎となる心構えが、「課長は接客業」と心得ることです。

気持ちよく働ける職場

あなたが係長だった頃を、思い出してください。尊敬できる課長は、どんな人だったでしょうか。気持ちよく仕事ができて、成果が上がる職場とは、どんな職場だったでしょうか。

一つには、職員のことを理解してくれる上司がいることでしょう。的確な指示をしてくれる上司、そして、悩んだときに相談しやすく、話を聞いてくれる上司です。もう一つは、風通しの良い職場でしょう。周りの同僚にも話し掛けやすく、困ったときに助けてくれる職場です。

立派な資料を直ちに書き上げる課長も、部下としては楽ちんで、良い課長だったでしょうが、今挙げた尊敬できる課長は、そのような事務処理能力ではなく、職員との接し方で信頼を得ていたのです。

部下は話を聞いてもらいたい

相談しやすい上司とは、どのような上司でしょうか。良い上司は、聞き上手です。まずは、職員の話を聞くことです。

その話の内容は、仕事の報告や相談でしょう。中には、仕事には関係ない役所内の噂や町での出来事、さらには私生活の相談もあるかもしれません。それらは、あなたにとってはつまらない話であり、もう知っている話も多いでしょう。しかし、相談に来た職員にとっては、重要な話なのです。そして課長の前では、彼や彼女は緊張しています。

あなたにできる最初のこと、そしてしなければならないこと。それは、職員の話を聞くことです。この場合、あなたには、雄弁も早急な結論も期待されていません。聞いてもらえれば、職員は安心するのです。

「他の人が、そして上司が悩みを共有してくれた」。これは、悩みを抱えている職員にとっては、大きな前進なのです。『明るい公務員講座』第1章第2講で、私が駆け出しの頃に、仕事に悩んだ経験をお話ししました。そのとき、先輩に悩みを聞いてもらえて、私もほっとしたのです。

立場が変わり、管理職になってからですが、職員や後輩から「仕事で悩んだとき、話を聞いてくださったことで、気が楽になりました」と、感謝されたことがあります。

私は感謝されたことに喜びつつも、「なんだ、良い助言をしたからではなく、話を聞いただけで喜んでもらえたのか」と、いささかがっかりもしました。

彼らの悩みに、的確な答えを出せない場合もあります。「それは困ったなあ」「直ちには良い答えが浮かばないわ」としか言えない場合もあります。それでも、私に話したことで、彼らは胸のつかえが下りたのでしょう。もう一つには、「あの全勝さんが驚くような問題ではないんだ」と安心し、また「霞が関で経験が豊富な岡本全勝に聞いても良い答えがないということは、今進めている道しかないのだ」と、自信が持てたのだと思います。

あなたから声を掛ける

職員が気持ちよく働くことができるのは、明るく風通しの良い職場です。悩んだときに、同僚や上司に相談できる職場です。どのようにしたら、そのような雰囲気をつくることができるのでしょうか。

明るい職場をつくる基本は、あなたがニコニコしていることです。そして次の一手は、あなたから職員に声を掛けることです。職員が上司に「おはようございます」とあいさつするのは当然です。しかし、上司から「おはよう」と声を掛けてもらうと、職員も話しやすくなります。

「課長は威厳を持つべきで、職員となれなれしく口をきいてはいけない」と思っている人もいます。私は違うと思います。なれなれしくする必要はありませんが、職員が話しやすい雰囲気をつくることは重要です。上司の威厳は、仕事の力量の差で示しましょう。

私の知人に駄じゃれの好きな幹部職員がいて、それで職場を和ませています。彼は彼なりに努力しているのですが、時々失敗して、「浮いてしまう」のだそうです。あなたは、不慣れな駄じゃれで、職員を笑わせる必要はありません。しかし、上司から声を掛けることは必要です。

「おはよう」「ありがとう」「よくできた」「ごくろうさん」……。明るく声を掛けましょう。

不都合なことを早く報告してもらう

職員が上司や周りの人に話しにくいこと、それは失敗を報告する場合です。職員本人がしでかした失敗や本人は関与していない失敗、いずれにしても楽しくない話です。誰だって、上司に報告したくはありません。

しかし、課長としては、悪い話ほど早く報告してほしいのです。次の対策を考えなければなりません。例えば、大きな会議が予定されているのに、その準備が進んでいない事例を考えてください。部下が、次のように報告してくれます。

「実は、３人の報告者のうち、１人が間に合わないと言っているのです」

実施日の10日前に相談される場合と、前日に相談される場合とを比べてみてください。直前に言われては、次の手が打てなくて困ります。

「早く言ってくれよなあ」

「すみません」

しかし、それ以上の会話は進まず、冷たい沈黙がその場を支配します。みんなが深刻な顔になって……。あなたにも経験があるでしょう。

そうならないためには、失敗を申告できる雰囲気をつくっておかなければなりません。それは、失敗を報告してくれる職員がいたら褒めることです。もちろん、失敗をしでかした場合は、それ自体を褒めるわけにはいきません。しかし、勇気を出して自己申告したことを褒めましょう。

「よく報告してくれた。ありがとう。では、対策を考えよう」

すると、他の職員も次回失敗した際に、いち早く申告してくれます。職員が関与していない不都合なことも、気軽に報告してくれるでしょう。

失敗を申告しやすい環境

どのようにしたら、失敗を早く申告してもらえるか。私が総務省交付税課長だったときのやり方を、紹介しましょう。

毎年4月の人事異動の後に、職員を集めて、仕事の概要とともに心得を話します。

その中に、「失敗したら早く申告すること」を入れていました。抽象論では新人は理解できないので、実例を話します。私がかつて課長補佐のときにしでかした失敗や、経験した失敗です。それぞれに単純なミスが原因で、すぐに修正できた事例です。だから、笑い話として話すことができるのです。

地方交付税の算定は扱っている金額が大きく、職員一人ひとりが数千億円から数兆円の計算をしています。単位が「億円」です。初めて扱う職員は、数億円もの違いが出たのを見て、凍り付きます。コンピューターを駆使していても、間違いが起きるのです。どこで間違ったか一生懸命探しますが、本人は気付かないものです。先輩たちが相談に乗ると、大概は単純な間違いをしているのが見つかります。ある基礎数値を、百万単位で入れるべきところを千単位で入れて、3桁間違ったとか。

そこで、「ここにいる先輩たちも、間違ったことがある。しかし、早く相談してくれれば、みんなで助けるよ」と言って、安心させるのです。

ひょうきんな職員もいて、作業中に「どひゃ〜、また数字が合わない」と叫びながら、どこでミスをしたかを探していました。すると、直ちに係長たちが助けに駆け寄ります。それを見た新人も「私だけじゃないんだ」と、自己申告しやすいのです（ただしこれは、20年も前の話です。今の交付税課の仕事ぶりは、もっとスマートになっているはずです。交付税課の名誉のために、付け加えておきます）。

課長は近づきにくい

職員にとって、課長は近づきにくい存在です。あなたは忘れていますが、あなたも駆け出しの頃、課長どころか課長補佐も怖かったでしょう。突然声を掛けられたりすると、ドキッとしましたよね。課長に報告に行くには、決意が必要であり、緊張したでしょう。今、職員たちは、課長であるあなたを、同じように見ています。

それを前提に、どのようにしたら、職員が話しやすい雰囲気をつくることができるか。ここまでにお教えしたのは、いつもニコニコしていること。あなたから声を掛けること。そして、職員の話を聞くことでした。常にそうしていることで、話し掛けやすい雰囲気になります。

席にいる時も、話しやすい状況をつくりましょう。机の上は片付いていますか。書類がたくさん載っていて、壁を作っているようでは、職員は近づけません。あなたが書類を広げ常に考え事をしている、あるいはいつもパソコンを見ているようでは、職員は声を掛けにくいですよね。

余裕を持って、少なくとも余裕があるふりをして、「いつでも相談においで」という表情でいてください。

個室は孤立する

あなたが部長になって個室に入ると、さらに気配りが必要です。個室にいると、部下の動向が見えなくなります。

個室にいると、たびたび部屋に入って来る職員が、かわいくなります。しかし、その職員は良い話だけを持って来る、さらにはごますりに近寄る職員ばかりになる危険があります。悪い話を持って来る職員は少ないです。すると、あなたは自分の方から出て行って、職場の状況を確認する必要があります。

また、なるべく入りやすい雰囲気にしておく必要があります。あなたも、上司の部屋の扉をノックして「入ります」と声を掛ける際に、少しは緊張するでしょう。

私は個室にいるときは、ドアを開け放しています。それも大きく開いて、かつ外から私の姿が見えるようにしておきます。見えるようにしておかないと、次のようなことも起きます。あなたが上司の部屋の扉を開けて入った、あるいは扉が開いていても上司の姿が見えないので「失礼します」と声を掛けて部屋に入り、ついたてを回り込んだとしましょう。そのときに、上司が熱心に書き物をしていたり、携帯電話で話していたりすると、ばつが悪いですよね。「申し訳ない」という顔をして上司の手が空くのを待つか、後ずさりして出直すでしょう。

私も、一人だけの時間を持って、資料に目を通したり、書き物をしたいのです。しかし、管理職は資料を相手にするだけでなく、職員を相手にすることが重要な仕事です。せっかく話しに来てくれた「お客さん」を気まずくさせてはいけません。「接客業」と心得てください。

さらに上の職位に就くと、庁内の職員だけでなく、庁外の人の相手をする機会が増え、ますます自分の時間はなくなります。課長や部長になったら、職場では自分一人の時間はないものと覚悟してください。自分の時間を確保したいなら、朝早く出勤することです。

第3講の教訓

- □ 職員が資料というモノを相手にしているのに対し、課長は職員というヒトを相手に仕事をしています。相手が変わることで、扱い方を変えなければなりません。
- □ 課長職は、接客業と心得ましょう。
- □ 職員は、話を聞いてほしいのです。良い課長は、まずは職員の話を聞くことです。それで職員は安心します。

コラム❶

接客のプロに学ぶ

飲み屋のママさんは、接客のプロです。嫌な客でも、笑顔で「あ～ら、せんせ～」とか「○○さん、今日の服装もすてきね」とおだてて、お酒を勧めます。客の話す愚痴やしようもない話に相づちを打ち、聞いてくれます。

ここから導かれる教訓は、ニコニコしていることと相手の話を聞くことが、人に好かれる基本だということです。相談に対して結論や回答を出さなければと、意気込む必要はありません。客は自分の言いたいことを言って、お金を払って帰っていくのですから。

久しぶりに顔を出した店でも、「あ～ら来てくれたの。忙しかったのね」と言われれば、ビールもおいしくなり、「いや、こんなことがあってねえ……」と話しやすくなります。逆に「何よ、ちっとも来てくれなくて。他にいい店ができたの」と言われると、来なければよかったと思います。

ここから導かれる教訓は、事実を指摘することは、必ずしも好かれないということです。

そして、あなたが言いたいことを言うのではなく、相手にしゃべらせることが重要なのです。

プロの営業術の基本に、まずは相手の話を聞くことがあります。売りたい製品の性能を述べるのは、その後です。客は自分の思いを話して気分がすっきりすることで、セールスパーソンを信用し、今度はセールスパーソンの話を聞いてくれるのだそうです。

トップセールスパーソンの共通点は、話術が上手なことではなく、聞き上手だということです。

第2章

事務の管理——はかどる仕事術

第4講

指示の出し方

課長の二つの役割

第2章からは、課長として必要な技能について、お教えしましょう。

課長には、大きく分けて二つの役割があります。一つは、その課が分担している事務の管理です。もう一つは、そのために職員を指導し、組織を管理することです。とはいうものの、職員を指導しながら業務を成し遂げるので、この二つは不即不離です。便宜のために、事務管理と職員指導とを分けて解説します。

まず第2章は、事務の管理、特に職員の仕事の管理についてお話しします。

指示、確認、添削

ここでも、課長と職員との違いから入りましょう。

事務処理について、課長と職員との仕事の違いは何でしょうか。課長は、職員と一緒に資料を作ることもあります。分担して電話をかけたりもするでしょう。同じような仕事をしているように見えます。しかし、課長が職員と同じことをしていてはダメです。

課長は所管する業務について、課として成果を出すことが任務です。そのために、部下に指示を出し、仕事をさせます。職員はその指示を受け、実行します。そして、その成果について、課長は責任を持たなければなりません。

すると、課長の第一の作業は、職員に「指示を出す」ことです。次に、職員が指示通りに仕事をしているか、そして工程表通りに進んでいるかを「確認する」ことが必要になります。さらに、職員が持って来た成果が、求めている水準に不足していると分かったら、それを「添削する」必要があります。

事務処理について職員との関係を、このように作業の過程に沿って、「指示」「確認」「添削」の三つに分けて考えましょう。第4講は、指示の出し方についてです。

悪い指示の例

あなたの指示に従って、職員は仕事をします。良い成果が出るか、職員が無駄な仕事をしないで済むかは、あなたの指示にかかっています。指示の出し方こそが、課長の能力が試される重要な仕事です。

分かりやすい例として、私の失敗談を披露しましょう。自治省交付税課の課長補佐のときのことです。

A係長に、全国から集めた数値を整理して、表にすることを指示しました。「ここにある数値を、○○の基準で分類して、表にしてほしい」と頼んだのです。彼は残業までして、立派な表を作ってくれました。ところがそれは、私が考えていたのとは全く違ったものでした。とても忙しい時期でもあり、表を見た瞬間に、私は「こんなの違うわ。作り直し！」と叫んでしまいました。

A係長はきょとんとしながら、説明を始めます。聞いていると、彼の言い分も分かります。私の指示の足りなかった部分を、彼なりに考えて精緻な表を作ったのです。ただし、それは私の考えとは方向が違いました。私の指示が悪かったのです。不十分な指示をして職員を悩ませ、相談にも乗らず放置して、しかも彼が作ったものについて「違うわ」とみんなの前で叫んでしまったのです。今は、大いに反省しています。

良い指示の例

この失敗から学習して、その後は指示の方法を変えました。求めている結果の形を、指示の中に織り込むのです。表を作ってもらう際には、用紙の左と上に縦横の線を引いて、表側と表頭を作って渡します。

図2を見てください。先に述べた失敗から20年後、東日本大震災の被災者支援をしていた頃です。避難者の所在地別人数を表にする例です。表側と表頭には、各項目を

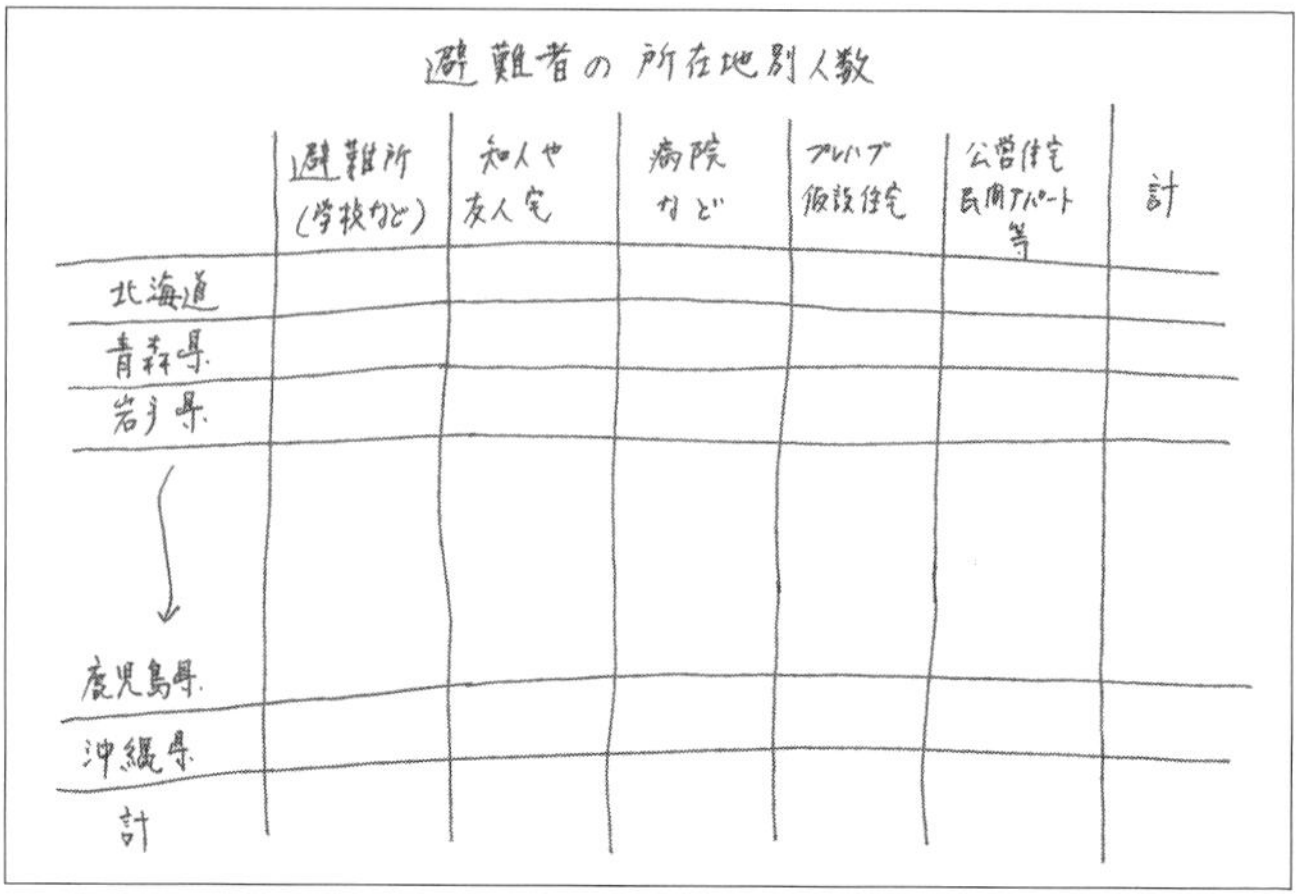

避難者の所在地別人数

	避難所(学校など)	知人や友人宅	病院など	プレハブ仮設住宅	公営住宅民間アパート等	計
北海道						
青森県						
岩手県						
↓						
鹿児島県						
沖縄県						
計						

図2

書きます。それが、私の考えた分類です。表の中は空欄です。そして「ここに数値を当てはめてくれ」と指示を出すのです。これなら、私が考えている分類と違った表は出てきません。もちろん、どの欄に入れたらよいか悩む数値や、どの欄にも当てはまらない数値が出てくることもあるでしょう。その扱いについては、後ほど説明します。

「任せた」は悪い上司

職員への指示の出し方について、上司の型を大きく二つに分けることができます。一つは、「君に任せたよ」と、すべてを職員に託す上司です。もう一つは、細かいことまで指示を出す上司です。

前者のように、すべてを任せる上司は格好良いですね。でもこれでは、いてもいなくても同じです。無責任と言わざるを得ません。任された職員は、「なんで私ばかりが働くの。課長はいいよなあ、遊んでいて。しかも、出来が悪いと叱られるのは私だし」と、ふてくされるかもしれません。

必ず、「進むべき方向」と「期限」を示しましょう。できれば、その資料を何に使うか、目的も共有しましょう。それを示さずに、課題の処理を職員に任せるのはやめましょう。

「任せたよ」と言われた職員は、席に戻ってから、「はて、この案件は積極的に進めるのかな。それとも、しばらく検討していればよいのかな。そもそも何に使うんだろう」と悩みます。そして「まあいいか。今は別件が忙しいから、そちらを片付けよう。この案件は、次の機会に課長に聞かれたら、その時に相談しよう」と、仕事は放置されてしまいます。「すべて君に任せたよ」というような台詞を言えるのは、よほど軽い案件か、職員が優秀な場合だけです。

他方で、すべてにわたり指示を出す上司の下では、職員は育たないでしょう。「課長に言われた通りにしていたらいいんだ」と、自分で考えなくなります。また、職員が作った資料に、課長が常に細かく手を入れると、職員は「どんな案を持って行っても手が入るし、適当にやっておこう」となってしまいます。

職員の能力に応じた指示

では、どうするのが良い上司か。この2種類の中間で、適切な指示を出すのが良い上司です。ただし「中間」とは、量的に五分五分とか、「ある業務の半分は指示を出し、半分は任せる」といったものではありません。職員の能力と扱う仕事の内容によって、指示の出し方を変えるのです。これが、課長にとって重要な判断です。

まず、職員の能力に応じた指示の出し方を示しましょう。先ほどのような、表を作る場合を例にします。

普通の職員には、先に述べたように図2のような表で指示します。これが、標準形

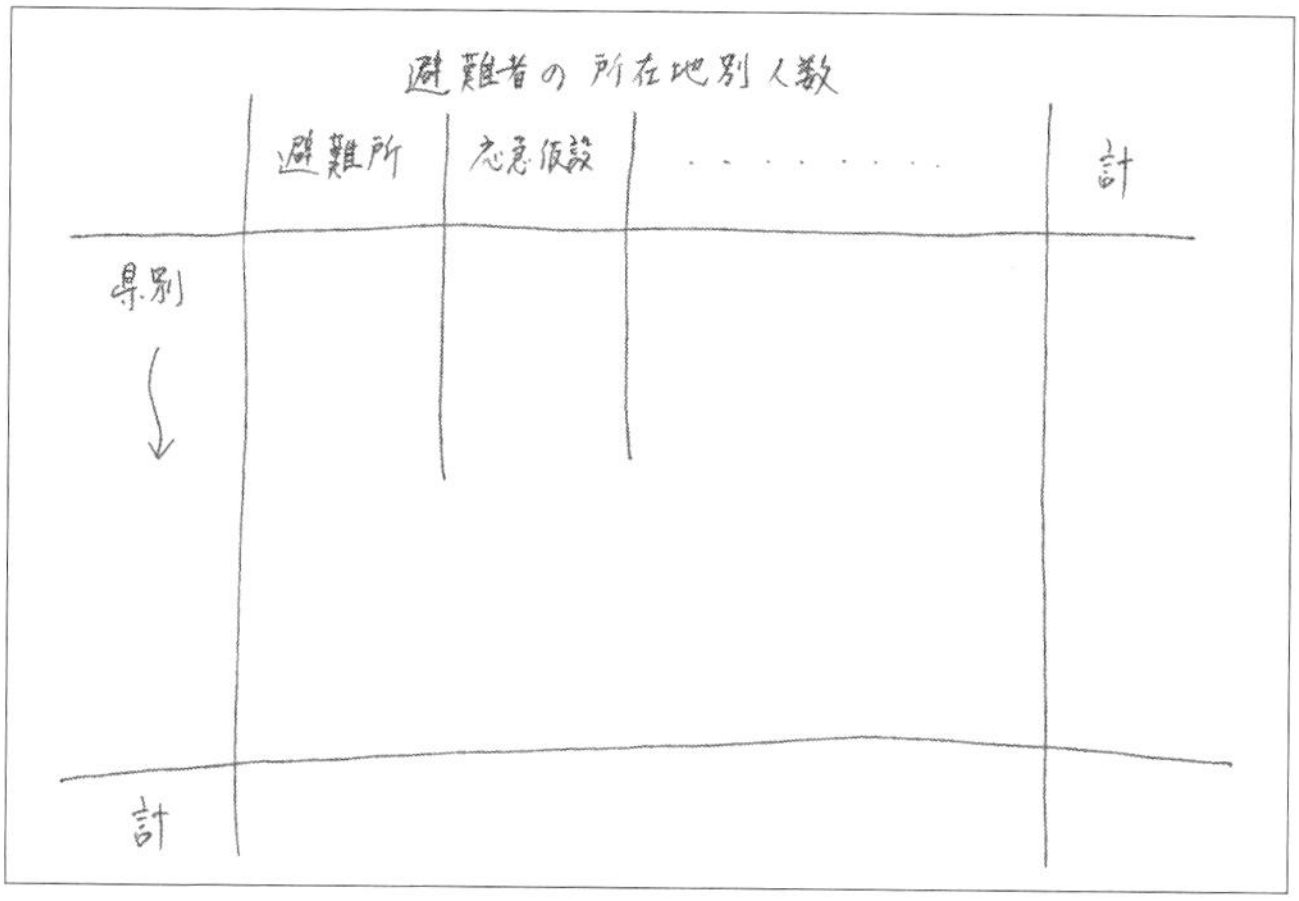

図3

の「梅」（並）クラスとしましょう。この場合でも、きっちりと表に当てはまらない事例が出て、担当者が考えなければならないこともあります。その場合には、職員指導としてどのように相談に乗るか。これも課長の仕事です。

しかし、いつもこのような指示を出していては、職員が「頭を使わない単純作業ばかりだ」と感じるようになる恐れがあります。職員に考えさせることも必要です。また、課長より職員の方が詳しい場合もあります。そこで、職員に考えてもらうために、図3のような紙を渡し、口頭で次のように指示します。

「避難者がどこにいるかを分析するために、人数を把握したい。県別は必須だな。次に、どのような場所にいるかだけど、避難所と応急仮設住宅と公営住宅と、あとどのような場所があるかな。分類を考えて、人数を入れてほしい。1週間後に使おうと思っているので、検討してよ。3日後には、案を見せてほしい」と。これは、梅より上級の「竹」（上）クラスです。

さらにできる職員には、もっと簡単に指示をします。「避難者がどこに、何人ほどいるかを把握したい。そのための表を作ってほしい。使い道は、支援策を考えるためで、今後は定期的に推移を把握したい。分類は、地域別と所在施設別かなあ。施設はどのような分類がいいかな。3日後には、原案を作って見せてほしい」と。これは高級な「松」（特上）クラスです。

仕事を任せる場合に重要なのは、いつまでに何を作るかということです。職員と「出来上がりのイメージ」を共有しておくことも重要です。そのために、何に使うかを伝えておけば、職員も考えます。そうすれば、かつて私が失敗したような、とんでもない表が出てくるようなことは起きません。

仕事の困難度に応じた指示

職員の能力に応じて指示の内容を変えるとともに、その仕事の難しさに応じても指示の内容を変えます。その例を示しましょう。

前例があり簡単な作業や、時間に余裕がある場合は、進めるべき方向と処理期限を示して、担当者に任せます。これまでにないような案件でも、検討する時間の余裕がある場合は、担当職員と議論をして、方向を共有した上で作業に入ってもらいます。そして、途中で案を見せてもらいます。

しかし、これまでにないような難しい案件で、かつ急ぎの場合には、担当者を呼んで、私が口述する内容を書き取ってもらいます。それを浄書してもらいます。私が一人で書かないのは、私の考え方が間違っていないか担当者に確認してもらうことと、担当者の意見を聞いておく必要があるからです。また、私がいないときにその事案について分かる職員がいない、といった事態がないようにするためです。

職員に何を任せて、何を自分で処理するか。任せる場合も、どこまで具体的な指示を出すのか。この判断が上司として最も重要で、かつ工夫のしどころなのです。その際には、先に述べたように、次の点が判断要素になります。

1. 事案の困難性と重要性。前例があるか、簡単か。その資料は、誰に対して説明するためのものなのか。例えば、課長の頭の整理のためか、知事や市長に現状と対策案を示すためのものなのか。
2. 処理期限。すぐに使う資料なのか、ゆっくりと検討する時間があるか。みんなで議論する時間はあるか。
3. 任せる職員の能力。彼にとって、これは難しいかどうか。彼のこれまでの経験や仕事ぶりを見て、判断します。

処理期限までに十分時間があるのなら、あるいは方向が明らかな課題なら、どんどん担当者に任せましょう。そのときに、その担当者の能力を少し上回るような仕事を預けてみましょう。任された担当者は、「え〜、私がこれを担当するのですか」と思うかもしれません。でも、それがうまく処理できたときには、自信が付くでしょう。そのためにも、途中で相談に乗り、助言する必要があります。

残念ながら良い結果が出なかった場合は、あなたが思っていたほど、担当者は育っていなかったのかもしれません。でも、怒らない、怒らない。

なお、松・竹・梅という表現について補足しておきます。これは、それぞれの業務について特上・上・並であるのであって、ある業務については梅の指示を出す必要がある職員が、別の業務だと松の指示でよい場合もあります。仕事の難しさと職員の能力の組み合わせで変わります。一つの物差しで、職員を評価してはいけません。

第4講の教訓

- □ 課長の役割は、事務の管理と職員の指導です。
- □ 事務の管理には、職員に指示を出すこと、途中経過を確認すること、職員の案に添削することがあります。
- □ 職員に指示を出す際には、方向と期限を明確に示します。何に使うかや、出来上がりのイメージを共有しておくと、無駄な作業をしなくて済みます。
- □ 指示を出す際には、職員の能力に応じて、またその仕事の困難度に応じて、指示内容を変えます。

第5講

進行状況の確認

職員に指示を出した次に、課長がしなければならないことは、それら業務の進行状況の確認です。

途中の確認

部下に任せておいたら、とんでもない資料が作られてきたとか、締め切り日が迫っているのにまだ半分もできていないとかいったことも起きます。困りますよね。

これを防ぐためには、途中途中で進行状況を確認することです。それは、量と質の両面です。すなわち、どこまで進んでいるか、そして作業の方向は間違っていないかを確認するのです。

私は職員に仕事を任せる場合、提出期限を示すとともに「35%の出来でよいので、一度持って来てほしい」と指示します。35%にそれほどの意味はありませんが、5割より以前に持って来てほしいのです。

職員が「完成しました」と持って来た資料を、ズタズタに修正するのは気が引けます。「生煮え」の状態で持って来てもらえれば、こちらも方向転換を言いやすいし、言われた職員も傷つきません。職員がいろいろと頼んでいる先があったとしても、「課長がこのようなことを言い出したので、方向転換してください（悪いのは課長です）」と言えるでしょう。

さらに時々は職員の席まで出向いて、「××の件は、どこまでできた？」と質問します。嫌われるのを覚悟の上です。でも、締め切り間際になってとんでもないものを持って来られたり、「悩んでいて、何も手が付いていないのです」なんて言われることに比べれば、嫌われるくらい何でもありません。そのような案件は、職員も悩んでいることが多いので、明るく聞きに行けば、そんなに嫌われることはないはずです。

職員も慣れてくると、私が出向いて行ったときに、「いやー、ここまでしかできていません」と報告してくれたり、その前に「まだ30％ですが、いいですか？」と、相談に来てくれたりするようになります。

さて、簡単な作業、例えば表を1枚作るのならば、「これを△日までに仕上げる必要がある」と指示を出せばよいのですが、これらを総合した大きな仕事になると、全体の進行管理が必要になります。『明るい公務員講座』第2章第5講で、工程表を作ることの重要性をお教えしました。職員たちもそれぞれに頭の中で予定は考えているでしょうが、上司はそれを紙に書いて「見える化」し、必要な場合は修正を加え、関係者で共有しなければなりません。

課内の業務の進行管理

一つの課では、複数の業務を抱えています。課長は、個別の業務を指導しながら、それら複数の業務の進行を管理しなければなりません。それは同時に、課内の各係の仕事ぶりの管理です。

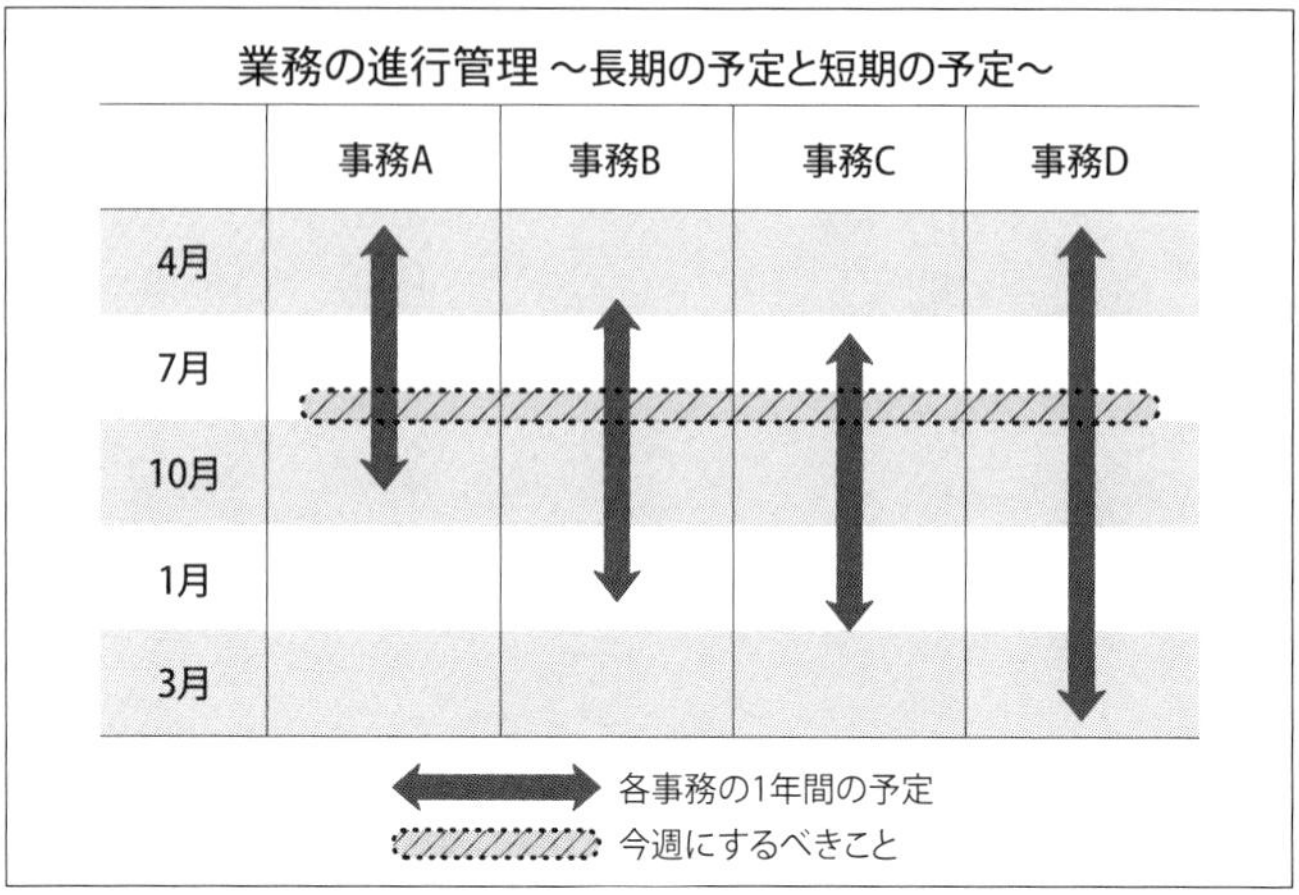

図4

皆さんの課でも、たいてい毎週月曜日の朝などに、職員を集めて仕事の打ち合わせをして、その週にしなければならない作業を確認しているでしょう。

業務の進行を管理をする際にはコツがあります。対象とする期間によって、2種類に分けて進捗状況を表にするのです。一つは、その週にしなければならない作業を書き出した「1週間の業務予定表」です。もう一つはもっと長い期間、1年間や四半期の「長期の予定と進捗状況表」です（図4参照）。1週間のカレンダーと、1年間のカレンダーの違いです。

役所の仕事の多くは、年度で成り立って

います。予算や議会を考えると、年間の業務処理予定表が重要なのです。そして、定期の人事異動も1年に1度です。毎週作る1週間の予定表や1カ月の予定表では、課として1年間に処理しなければならない業務の進捗は分かりません。

課の業務を進行管理の観点から分けると、次のようなものがあります。

①毎年処理しなければならない定例業務
②今年中に処理しなければならない重要課題
③臨時、突発に入ってくる案件

このうち、③の臨時案件は予測が立ちませんが、①定例業務と②重要課題は予定を立てて管理しましょう。そして、「年間の予定と進捗状況表」は、①と②の二つに分けて作る必要があります。

①は、去年の処理実績がありますから、係長や担当職員に任せておくことができます。定期的に進行状況を報告してもらえばよいのです。

②は、係長や職員と、進捗状況表と工程表で打ち合わせを行い、段取りを決める必要があります。どこまで進んでいるのかを確認し、どのように進めるのかを指示しなければなりません。場合によっては、より具体的内容についてまで、あなたが指示を出し、人員配置や予算の追加も考えなければなりません。

毎週の課内打ち合わせでは、②の状況は把握できないのです。また、うまく進んでいない項目は、報告が上がってきません。うまくいっていない項目を把握し、対策を考えること。これは課長の仕事です。

一覧表にして眺めると、「そういえば、こんな仕事もあったなあ」とか「これも片付けなければいけない」と、忘れていた案件も表《おもて》に出てきます。この長期間の一覧表ができれば、管理者としての仕事の半分はできたと同じです。後は随時、「どこまで進んだの？」と、にこやかに職員に聞き、時には自ら動けばよいのです。

段取り八分

「段取り八分」という言葉をご存じですか。仕事を進める手順をきっちりとしておけば、その仕事は8割できたも同じだという意味です。

前例があったり作業手順が決まっている仕事は、その手順に従って進めることができます。目的地と経路が書き込まれた地図を見ながら進めばよいと、考えてください。しっかりした地図を持っていると、迷うことなく、予定に遅れることなく到着することができます。

これに対し、初めて取り組む案件は、目標と手順がぼんやりしている状態です。これは、地図がないようなものです。迷わずにたどり着くために、目標までの地図、すなわち手順を作る必要があります。

出来上がりのイメージを持ち、そのために何を準備するか。過去の似たような案件を調べたり経験者に聞いたりして、想像力を働かせて、工程表を作ってみます。これが取りあえずの地図です。これを見ながら仕事に取り掛かります。もちろん、最初から完璧な地図＝工程表を作ることはできません。粗い地図から、だんだんと精緻なものにしていくのです。そして、みんなで共有することが重要です。

行き先や予定の分からない仕事をすることは、職員にとって不安です。職員の不安は、与えられた業務がこれまでにない困難なものであることもありますが、もう一つは、どちらに進んで良いか分からないことであり、完成までの見通しが見えないことです。困難な業務でも、進むべき方向と見通しが見えていれば、不安になることなく仕事に取り組むことができます。

また、職員に無駄な仕事をさせないことや、手戻りをさせないことも、上司として重要な役割です。そのために、職員に指示を出す前に段取りを検討すること、指示を出してから進行管理をすること、折々に相談に乗ることが重要なのです。

職員と一緒になって作業をしたり、文章の「てにをは」を手直ししたりすることが、課長の主要な任務ではありません。チョウの立場で、高い所から青虫たちの仕事を導きましょう。

一歩先を歩く

段取り良く部下に仕事をさせる。そのために、課長は、みんなより「一歩先」を歩かなければなりません。

例えば、月曜日の課内定例打ち合わせの際、総務係が取りまとめた「今週の業務予定表」が出てきます。そこは、職員たちがしなければならない業務を自己確認する場です。実際には、それぞれの職員が何をしなければならないかという検討は、その前に課長がしておかなければなりません。課長は前週に、翌週の業務を考えて、必要な指示を出しておくべきです。その確認が、課内の打ち合わせです。もちろん職員との打ち合わせによって、方針が修正される場合もあるでしょう。

来週に何をしなければならないかという検討は、1年間や四半期の長期の予定表を眺めて、課長が考える必要があります。

そして、一歩先を歩くということは、時間的に先を読むとともに、視野も広げる必要があります。第4講で、表を作る際の職員への指示の出し方をお教えしました。それに対し、指示を出す前に問われる課長の力量は、そもそも表を作るかどうか、作るとしたらどのようなものかを考えることです。「〇〇のような表を作った方がよいな」と思い付くかどうかです。

議会答弁案作成も同じです。質問が出てきてから、答えを考えていては遅いです。議会が開催される前に「基本想定問答集」を作るでしょう。その際に、出てきそうな問いについて、答弁案のひな型を作って関係者と調整しておくのです。実際に質問が出たら、かねて用意したそのひな型を使って、具体的な質問への答弁案を作成します。すると、議会でどのような質問が出そうか、それを考えるのが課長の役割になります。もちろん、質疑者が考えないようなことまで心配して、何でもかんでも問いを用意することは無駄です。職員に余計な作業をさせてはいけません。

職員たちと、わいわい言いながら一緒に歩いて行くことは楽です。時にはそれも良いでしょう。しかし、いつも職員と一緒にいることが、課長の任務ではありません。何歩か先を歩いて、職員を誘導することが、課長の任務です。

第5講の教訓

- □ 職員に任せた仕事も、途中途中で、どこまでできているかを確認しましょう。
- □ 課の業務を管理するために、定例業務と重要課題に分けて、それぞれ1年間の予定表と1週間の業務予定表を作ります。
- □ 何が進んでいないか、来週は何をしなければならないかを考えることが、課長の仕事です。職員より何歩か先を歩きましょう。

第6講

添削する

職員に指示を出し、途中で進行管理をし、そして職員の原案が出来上がります。次に課長がしなければならないことは、その案を確認し、完成させることです。

採点ではなく添削

職員が作ってきた案に目を通して、出来栄えを確認することも課長の役割です。そして、不十分だったら、訂正を指示するなり、あなたが加筆して完成させなければなりません。

その案が及第点か失格か。その判断基準は何でしょうか。

その成果物を上司に説明するのは、あなた自身であったり部長です。そしてそれを使って、部長や市長が議会や住民に説明する場合もあります。その説明を聞くのは部長や市長であり、その人たちを経た議員や住民です。成果物がよくできているかどうかを判断するのは、この過程で説明を受ける人たち、つまり部長や市長、議員や住民です。成果物の出来が良いかどうかは、職員の苦労の多寡にかかわらず、この人たちの反応の結果で判断されます。

「B係長が残業までして作った資料だから、あまり手を入れずに採用しよう」では困ります。「これなら、市長の了解をもらえる」「住民に分かってもらえる」というものになるまで、添削をしなければなりません。

ここで注意することは、あなたがすることは、採点ではなく添削だということです。「ここがダメ」「これじゃあ、市長に見せられない」「やり直し」と、職員に言っているだけでは済みません。その資料について、部長や市長の前では、あなたは採点者でなく、評価を受ける受験生です。

職員が作ったのは案であって、出す際には課長の名前で発表されます。作成責任者はあなたであって、職員は補助者です。不十分な資料に手を入れて完成させるのは、あなたの責任です。

80％で引き取る

職員が作った案が及第点に満たない場合は、修正点を指示して作り直させます。この場合も、どこをどのように修正するのか、明示しないと職員が困ります。『明るい公務員講座』第1章第2講で、私も上司から修正を具体的に指導してもらえず、仕事恐怖症に陥ったことをお話ししました。指導の過程で、何が足りなかったかを教えることは、彼らにとって良い勉強の場です。

ただし、第3講でお話しした「モノである資料を相手にするのと、ヒトである職員を相手にするのでは扱い方が違う」ということを、忘れないでください。事務処理はモノを相手にするので、いくらたたいても構いません。しかし、職員の指導はヒトを相手にするので、丁寧に扱わないと相手が壊れます。課長であるあなたは、職員の資料を加筆する際に、資料の内容に対してはいくら厳しく当たっても構いません。しかし、その資料を作った職員に、きつく当たってはいけません。

その上で、再修正を何度やらせるのか、その判断も重要です。あなたが指導したのに、それだけのものしかできなかったのです。彼や彼女に能力が不足していたのか、あるいはあなたの指導が悪かったのかでしょう。その時点で、それ以上のものを求めても無駄です。

「80対20の法則」を覚えていますよね。20の労力で成果物の80%ができ、後の20%を完成させようとすると、80の労力が必要になります。この法則に照らせば、彼や彼女が残りの2割を完成させるには、これまで以上の労力と時間がかかります。

「ありがとう。よくここまで作ってくれた。後は、私が手を入れて、完成させるわ」と言って引き取りましょう。そして、不足している部分を加筆して、サッサと仕上げましょう。そこで、あなたの大物ぶりを示すのです。

職員たちに、「さすが、うちの課長は違うわ」と言わせてみましょう。

市長や市民の目で読む

添削の視点は何でしょうか。『明るい公務員講座』でお教えした「説明資料の作り方」（第3章第9講）「読んでもらえる文章」（第3章第10講）を思い出してください。それは誰に説明する資料でしょうか、誰が使う資料でしょうか。それを考えましょう。

まず、読みやすい文章にしてください。その秘訣は次の通りでしたよね。

①文章は短く
②一文に荷物は一つ
③主語は最初に
④箇条書きを使う
⑤項目は三つまで
⑥家族が分かる文章を

次に、読む人が分かる内容にしなければなりません。すなわち、原案を作った職員の立場でなく、読む人の立場に立って資料の構成を考えます。

あなたが職員の時代に、上司と想定問答について打ち合わせをしていて、2種類の上司がいることに気付いたと思います。

その一つは、その答弁案そのものを深掘りする人です。中でも一番「狭く深く掘る人」は、文章を練り「てにをは」を直すことに力を入れます。もう一つは、その答弁案を離れて、違った角度から問題点を指摘する人です。例えば「そもそも、そんな質問は出ないよ。出るとしたら、××の角度だろう」とか「その答弁では、議員は納得しないよ。なぜなら……」と。

どちらが目指すべき上司か、分かりますよね。これは、『明るい公務員講座 仕事の達人編』（第3章第8講）で指摘した、アリの目とタカの目との違いです。身内の論理で議論していても、問題点は出てきません。市長や住民の目で見る。あるいは住民の代理である議員や記者の目で見ることが重要です。職員は、アリの目で仕事をしています。あなたは、タカの目で見なければなりません。

ばらつきを統一する

もう一つ、皆さんも困ったことがあると思われる点を、取り上げましょう。ある課題で資料を作る際に、各係や各課に照会を掛け、出てきた項目を一つの表にまとめる場合です。数字なら、各課から出てきた数字を表に入れて合計すれば済みます。問題は文章の場合です。

例えば、「わが市における省エネ対策」を取りまとめる場合を考えましょう。多分、一定の様式で各課に照会を出すでしょう。そして集まった個表（霞が関ではこれをタンザク〔短冊〕と呼びます）をまとめて、一つの文章や表にするでしょう。ところが、それらタンザクには粗密があって、そのまま並べても良い資料にはなりません。

ある課は、昼間の休憩時間に事務室を消灯しているとか、コピー用紙の裏を使っているといった節約について書いてきます。別の課は、民間企業の省エネに補助金を出しているとか、良い取り組みをしている企業や団体を表彰しているとかを書いてきます。また、ある課はこれから取り組む方針を書いてきて、別の課はすでに実行したことを書いてきます。あるいは、取り組んだ事業内容を文章で書いてくる課と、どれだけ省エネになったか成果を数字で出してくる課があったりします。

これらを一つの表に並べても、意味がある表にはなりません。取り組み方針なのか成果なのか。行動なのか数字なのか。物差しや次元が違うものを並べても、使える資料にはなりません。雑多なものをそのまま並べることを、俗に「ホチキス作業」と呼び、そのような仕事をする部署を「ホチキス部局」と揶揄《やゆ》します。タンザクを束ねただけでは、意味のある表や文書にならないのです。

対応策はあります。まず、表を分けます。先ほどの例なら、方針と成果は別にし、行動と数字も別にします。また、あまりに細かいものは、集計に含めないようにします。つまらない項目をたくさん並べると、表の値打ちが下がります。打ち上げ花火の大輪と、線香花火を並べてはいけません。

こうやって並べ直してみると、どの部局が仕事をしているのか、どの部局が仕事をしていないのかがよく見えてきます。つまらない項目を出した部署からは、その項目の記載を「削るな」と言ってくることもあるでしょう。何も載っていないと、仕事ぶりが不熱心だと評価されるのを恐れてです。その際には、「この表の成果の欄に入れられる事項を出してくれ」と答えましょう。

課長が書く

ここでは、職員が作った案に、課長が手を入れる場合を説明しました。しかし、最初から課長が書くべきものもあります。

これまでにないような課題で、急いで課長が方針を決めなければならないもの、例えば、これまでに例のない議会質問などは、あなたが自ら書くか、口述して筆記してもらわなければなりません。

そのほかに、市長の挨拶文なども、課長が書いた方が良いでしょう。職員は、市長の関心事項や趣味を知りません。職員に任せておくと、前例通りで型通りの挨拶文しかできません。だからといって、その職員を叱ってはいけません。職員より課長であるあなたの方が、市長の関心事項や趣味を知っているのです。気の利いた文章を作るなら、あなたの方が適任です。

危ないと子を叱るより手を引こう

さて、事務の管理について、指示、確認、添削の三つの場面に分けて、課長がしなければならないことをお教えしました。

職員に無駄な作業をさせないために、丁寧な指示を出し、途中で確認しましょう。職員が作った資料の出来が悪いときは、あなたが引き取って完成させましょう。

交通安全標語に、「危ないと子を叱るより手を引こう」というのがあります。これは子どもを持つ親向けの標語としてだけでなく、職場の上司にとっても有効な標語です。違うのは、目に見える形で手を引いていては、部下は育たないことです。子どもも、徐々に自分で歩けるようにさせなければなりません。わが子を初めてお使いに行かせる場合に、あなたはどうしますか。優しく丁寧に教えて、場合によっては後ろから隠れてついて行きますよね。

職員が作ったものの成果が悪かったら、それは、あなたの指示と確認が悪かったのです。期日までにできなかったら、それは、あなたの途中確認ができていなかったのです。失敗してから叱るより、事前に、そして途中で適切な助言をしましょう。

第6講の教訓

- □ 職員が作ってきた資料でも、それを外に説明するのはあなたの責任です。
- □ 市長や住民が納得するような資料になるよう、添削しましょう。
- □ 文章はいくら厳しく修正してもよいですが、職員に厳しく当たってはいけません。
- □ 不十分な案なら、あなたが引き取って完成させます。
- □ 危ないと子を叱るより手を引こう。

コラム❷

悪魔の代理人

私は、職員が想定問答案を持って来ると、「例えば××のような（極端な）考えの人が質問してきたら、どう答えるの？」と、いろんな角度から問い掛けます。特に答えることが難しい質問をします。職員の顔には、「嫌なことを聞きますねえ」と書いてあります。

想定問答を作る際に、しばしば職員は答えやすい問いを作ります。答えにくい問いは、質問一覧から削除されるのです。しかし、記者会見や議会質問では、こちらの思った通りの質問は出ません。また、当たり障りのない受け答えをしたら、再質問で厳しいことを聞かれます。役に立つ想定問答にするためには、答えるのに困るような質問を作っておかなければなりません。

議論の際に、あえて反対の立場から質問して、相手の論理の弱点を攻撃する。これを、欧米では「悪魔の代弁者」や「悪魔の代理人」（devil's advocate）と呼びます。討論の技術の一つです。そうすることで、主張の隙を無くしたり、より説得力ある理由を見つけたりするのです。語源は、カトリック教会にあった職です。教会には、教義を定めたり、誰かを聖人に列したりするときに、意図的に反対する「悪魔」の立場を取って、反対論を述べる役割の人がいたそうです。

私が嫌らしい質問をすると、職員は「なぜ、そんな意地の悪い質問を思い付くのですか」と聞きます。簡単です。議会答弁や記者会見を重ねると、厳しい質問者になることができるのです（私の人間性が、ひねくれているのではありません）。

もう一度、注意しておきます。想定問答を良いものにするために、意地悪く質問する必要があるのです。「職員を鍛えるのだ」と言って、厳しく問い詰める課長がいますが、それは間違いです。厳しくする対象は答弁案であって、職員ではありません。職員から「悪魔」と呼ばれるようになってはいけません。

第3章

職員の指導——褒めて育てる

第7講

あなたはコーチ

第3章では、課長のもう一つの重要な役割である「職員の指導」についてお教えしましょう。もちろん、職場は学校ではありませんから、指導は事務の管理の過程で同時に行われます。

職員育成はあなたの仕事

あなたは、「職員の指導は面倒だ」と思っていませんか。「もっと優秀な職員がそろっていたら、仕事がはかどるのに」と。

役所には毎年、新規採用職員が入ってきます。また人事異動で、課の事務についての未経験者があなたの職場に配属されます。そして数年たつと、彼ら彼女らはそれなりに成長して、次の職場に異動していきます。さらに経験を積んで、係長、課長補佐と昇進していくことでしょう。今は課長になっているあなただって、駆け出しの頃は未熟だったのです。その後、先輩や上司の指導を受け、経験を積んで能力を付けたのです。

私たちの職場は、完成された職員がそろっていて、「さあ始めましょう」と仕事に取り掛かるのではありません。順次交代する、発展途上の職員を預かっているのです。あなたは、一流選手をそろえたプロ野球の監督ではなく、伸び盛りの選手を集めた高校野球の監督です。中にはプロ野球でも通用する選手もいますが、基礎から教えなければならない選手もいます。もっとも、あなたのチームには、監督であるあなた以外に、コーチとして課長補佐や係長もいます。彼らと一緒に職員を育てましょう。

職員を指導し、立派な公務員に育てることも課長の役割です。

オン・ザ・ジョブ・トレーニング

あなたは、未熟な新人時代から、どのようにして今の能力を身に付けたのでしょうか。思い返してみてください。

と言われても、すぐには思いつかないでしょう。多くの人は、「一生懸命仕事をしていたら、能力が身に付いて、今の地位に就いていた」というのが、実感ではないでしょうか。研修所での研修も受けたでしょうが、それだけで能力が向上したとも思えませんよね。

学校では教科書や参考書があり、それを使って勉強しました。達成度試験もありました。職場では、そのような教科書や試験はありません。実際は、先輩や同僚の仕事ぶりを見て、それをお手本に上達したのではありませんか。

職業教育の方法に、オン・ザ・ジョブ・トレーニング（On the Job Training）とオフ・ザ・ジョブ・トレーニング（Off the Job Training）の二つがあります。オン・ザ・ジョブは、職場で実務をさせることで行う職業教育です。オフ・ザ・ジョブは、職場を離れての教育です。

研修所の授業だけで、職員の能力は向上するか。実感としては、しませんよね。座学では、職場で必要な技能を教えるのは非効率です。なぜなら、聞くだけでは技能は身に付かないからです。ロールプレーイングの研修は効果がありますが、さまざまな状況を再現することはできません。そして何より、現実の問題に関わる際の「責任」と「緊張感」がありません。

新採職員向けの基礎研修や、時代の変化に追い付くための専門研修は、意義も効果もあります。しかし、職場での能力の多くは座学ではなく、職場での仕事を通じて身に付くものです。大学や大学院でのどんな高度な教育より、職場での訓練の方が身に付くのです。

ラーニングピラミッドという図があります。どのような学習方法が、より頭に残るかを分類したものです。七つの学習方法を、定着率の順に並べてあります。それによると、「講義を聴く」が5％です。頭に残るのは5％でしかありません。「教科書などを読む」が10％、「ビデオなどを見る」が20％、「実演を見る」が30％「課題をグループで議論する」が50％、「問題集を解く練習や体験学習」が75％、「他者に教える経験」が90％です。講義や読書では身に付かず、体験で覚えるのです。

リーダー育成に関してですが、「721の法則」というのもあります。幾つかのアンケートによると、リーダーシップが発揮できるようになる上で有益だったのは、7割が仕事上の経験、2割が上手な人を通じての薫陶、1割が研修だそうです。私の感覚では、自らの経験が5割、先輩をお手本にしたことが3割、書物を読んで得たことが1割、研修が1割でしょうか。いずれにしろ、研修よりは、良いお手本を身近で見たり、自分でやってみることで能力が身に付くのです。

日々の仕事が職員指導

あなたは、職員を指導しながら、課の仕事を成し遂げなければなりません。職員の指導には、二つの目的があります。一つは、職員を督励して仕事をやり遂げること。もう一つは、仕事を通じて一人前の職員に育てることです。

前者については毎日実践しておられますよね。後者については、普段はさほど意識することはなく、職員の出来が悪いと思ったときに初めて「教育しなければ」と意識するのではないでしょうか。しかし実際には、前者の日々の仕事での職員指導が、そのまま後者の職員育成にもなっているのです。

第2章の「事務の管理」で、指示の出し方、進行状況の確認、添削の三つについてお教えしました。これは仕事の進め方ですが、それを実践することこそ、オン・ザ・ジョブの職員指導になっているのです。

職員への指示の出し方では、職員を育てるために、職員の能力に応じて指示の出し方を変えることが必要です。その際に、梅・竹・松の3段階に分けました。表を完成させる場合、梅の職員には、表頭と表側を書き込んだ表を渡します。職員はその分類に沿って、空欄に数字を入れればよいのです。一段上の竹の場合は、表頭と表側に例を書き込んで渡します。職員は、その例を基に、どのような分類が良いかを考えなければなりません。最上級の松では、表を作る趣旨を説明し、どのような分類が良いかから考えさせます。職員の能力を考えて、指示の出し方を変えるのです。

野球の守備練習を想像してください。下手な選手には、正面に緩いゴロを転がして、まずは基本動作を繰り返します。上手な選手には、捕れるか捕れないかギリギリの所に強い打球を転がして、技量を高めます。それと同じです。

仕事の進行管理では、工程表を作って共有すること、進み具合を確認することでした。これで部下は、仕事の進行は工程表で管理することを学びます。遅れている場合にどのように加速するか。それをあなたが教えることで、部下は対処方法を学びます。

添削では、部下が作った案に、あなたが手を入れます。すると、どこが良くてどこが足りないのか、職員は実地に知ることになります。添削する際には、なぜそのように加筆するのかを説明しましょう。学校の試験で誤答した場合、先生は正解を説明付きで教えてくれましたよね。説明をせず、「何が間違っているか自分で考えろ」と言われると、職員は悩みます。

このように日々の仕事の中で、職員教育は行われ、職員は育っていくのです。あなたも、大体このような仕事の与え方や、指示の出し方をしておられるでしょう。それをもう少しだけ気を付けて、指示してやればよいのです。

職場での指導といっても、朝礼のように職員を集めて訓示をするとか、机の前に立たせて「教育的指導」と称して説教をすることではありません。日々の仕事の中で、与える仕事と指示の仕方を考え、育てることなのです。

ティーチとコーチ

職員の指導で、注意しなければならないことがあります。それは、あなたの役割は、ティーチではなく、コーチだということです。

ティーチとコーチの違いを知っていますか。普段は気にせずに使っている言葉ですが、人を育てる際には、重要な違いを含んでいます。ティーチ（ティーチング）は教えることです。子どもに授業で勉強を教えたり、職員に研修で職場の決まりを教えたりすることです。教科書や指導の手引に書いてあることを覚えさせます。それに対し、コーチ（コーチング）は、能力を引き出し伸ばすことです。音楽や体操をやらせてみて、子どもの才能や選手の能力が伸びるように導くことです。

知識を伝授する場合には、教科書を読むとか、先生が黒板に書いたことを書き取らせることで教えることができます。他方で、スポーツの技術や自主的に考えることは、本を読んだり、先生の話を聞いたりするだけでは身に付きません。生徒が自分でやってみないと、身に付かないのです。教えるのではなく、本人の能力を引き出し伸ばす。そのためには、見本を見せて、自ら努力する環境をつくってあげるしかありません。

子どもには、社会で生きていくための知識や技能を教えなければなりません。しかし、いずれは一人で生きていかねばなりませんから、いつまでも両親や教師が付いていて、教えたり助言したりするわけにはいきません。また、成長していく中でいろんな局面に遭遇しますから、あらかじめすべての場面を教えておくわけにはいきません。どうしても、自分で考える力を身に付けさせなければなりません。子どもが悩んで考えているときに、すぐに答えを教えてはいけないのです。

ティーチは、生徒が悩んでいたら、教師が答えを教えます。コーチの場合は答えを教えず、本人に考えさせるのです。答えを教えるのではなく、助言するのです。

教えて育てる

職員の指導も同じです。

駆け出しの職員は、職場で必要な基礎知識を知りません。異動してきたばかりの職員も、課の仕事の仕方を知らないでしょう。彼らには、それらの知識を教えなければなりません。そのために、執務要領や引継書が作られています。このときは、ティーチによる教育が行われています。

しかし、ティーチばかりでは、職員は受け身になり、自分で考えようとしなくなります。応用動作ができません。一定の知識を身に付けたなら、職員には自ら考え課題を解決するように仕向けなければなりません。これがコーチです。

部下の育成とは、仕事に必要な知識と技能を身に付けさせるとともに、自分で考え、新しく直面する課題を解決していく能力を付けさせることなのです。毎回、出くわす課題が違うので、すべての場合を執務要領に書くことは不可能です。そして、書いてあることを覚えるだけでは、さまざまな場面に応用できないのです。

職員が考えているときに、上司が代わって片付けてはいけません。本人が悩み、解決方法を考えることで能力を上げていくのです。

あなたがお手本

職場に教科書はありませんが、お手本はあります。それはあなたです。そして、良いお手本になるか、悪いお手本になるかは、あなた次第です。

例えば、あなたが職員に「仕事には積極的に取り組むのだ」と繰り返し説教していても、議会での質問が出た際に「いや、それは私の課の所管ではない」と言って答弁案を書くことから逃げているようだと、職員はそれをまねします。「そうか。このような場合は、何か理屈を考えて逃げるのだ」と。そして、日ごろの業務に応用します。この場合、職員は、教師に学ぶ「優秀な生徒」なのです。そして優秀であるほど、仕事から逃げる職員に育ってしまいます。

良い先輩や上司の下で仕事をすると、良い見本を見せてもらえることで、良い職員が育ちます。あなたが職員にとって良い教師であるかどうか。それは、改まった説教や指導ではなく、日々の仕事ぶりで示されるのだと肝に銘じましょう。

職員育てはあなた育て

職員を育てて、彼や彼女が優秀な職員になってくれると、うれしいですよね。若い職員を教育して戦力にする。それは、あなたにとっても組織にとっても、良いことです。さらに、職員の中には、あなた同様に課長やもっと上の幹部へと成長していく人もいるでしょう。職員を育てることは、やりがいのある仕事です。

「職員の出来が悪い」と愚痴を言っていないで、発展途上の職員の能力を伸ばしましょう。職員を育てたあなたの評価も上がります。職員の育成指導において、あなたの仕事ぶりも評価されています。弟子が出世すると、師匠の評価が上がります。

職員を育てることは、あなた自身を育てることでもあるのです。仕事での経験を積むことで、あなたは能力を磨いてきました。そして課長の仕事をすることで、事務管理と職員指導の能力を磨いています。資料というモノを相手にするより、部下というヒトを相手にする方が、はるかに難しいことです。職員指導を通じて、あなたも育ちます。

第7講の教訓

- □ 発展途上の職員を育てることも、課長の仕事です。
- □ 日々の仕事での指導が、職員を育てます。
- □ 教えること（ティーチ）と、能力を引き出すこと（コーチ）を使い分けます。
- □ 職員は、あなたの毎日の仕事ぶりを見てまねをします。あなたがお手本です。

第8講

褒めて育てる

どのように指導したら、職員は育つか。指示ばかりしていては、職員は伸びません。自由にさせておくばかりでも、上達しません。

職員を伸ばすコツは、やらせてみること、そして褒めることです。

やらせて褒める

「やって見せ、言って聞かせて、させてみて、褒めてやらねば、人は動かじ」

聞かれたことがあるでしょう。日本海軍の山本五十六元帥の言葉だそうです。山本元帥は、ハワイ真珠湾攻撃を指揮したことで有名ですが、海軍大学校などでの人材育成にも携わり、このような分かりやすい名言を残しています。

この言葉は、職員に仕事を覚えさせ、上達させる際の名言です。あなたも必ず一度は、「なるほど、このことを言っていたのか」とつぶやくことがあるでしょう。ここには、四つの要素が含まれています。

①やって見せる。
②言って聞かせる。
③させてみる。
④褒める。

「やって見せる」は、お手本を示すことです。「言って聞かせる」は、教えることです。何をどのようにするのか、どうすればできるのかを、口頭なり文書なりで示します。「言わなくても分かるだろう」では駄目です。ここまでは、ティーチです。

その上で、本人に「させて」みます。いくら理論を学んでも、お手本を見せてもらっても、本人がプールに入って泳いでみないと、水泳は上達しません。起案文書も、職員に書かせてみることで、できるようになるのです。そして、うまくできたら「褒める」のです。褒めてもらうと、人間はうれしくなって、もう一段努力をしようという気になります。ここは、コーチです。

褒めて育てる

職員を育てるコツ、それは褒めることです。

ティーチにしろコーチにしろ、本人にやる気がないと、いくら教えても頭に入らず、やらせてみても身に付きません。ことわざにあるように、「馬を水飲み場まで連れて行くことはできるが、水を飲ませることはできない」のです。指導の基本にあるのは、本人のやる気を引き出すことです。

お手本を見せます。「このようにするのだ」と言って、本人にさせてみます。その上で、褒めることが重要なのです。

私が仕えたある大臣は、人褒めの名人でした。職員が説明に行くと、いつも「ありがとう、ありがとう」とおっしゃいます。職員も悪い気はしません。車に乗ると運転手に「いつもありがとう」と言い、車が右折すると「曲がり方が上手だねえ」と褒めます。ここまでいくと、おだて過ぎではないかと思うくらいでした。ある時、私は運転手に、「曲がるのは当たり前だわねえ」と笑いました。すると、「いいえ。大臣に言葉を掛けてもらうだけでうれしいのに、褒めてもらうと、次も上手に運転しようと気合が入ります」と言われました。

かくいう私も、お迎えに行くと、大臣から「岡本秘書官、ありがとう、ありがとう」と言っていただき、書類を渡したら「よく気が付くねえ」と褒めていただきます。すると気分が良くなり、次も頑張ろうと意欲が湧いてきます。

これを学んで、富山県総務部長になって実践したことは、『明るい公務員講座』第1章第1講に書きました。職員に「ありがとう」と言って職員を褒めているつもりでしたが、結果的に私も褒めてもらえたのです。

むちよりニンジンより褒め言葉

イソップ寓話の「北風と太陽」の話をご存じですよね。北風と太陽が力比べをして、旅人の上着を脱がせる勝負をします。まず、北風が風を吹き掛け、上着を吹き飛ばそうとします。しかし旅人は寒くなるので、もう一枚服を着込みます。北風はさらに強く吹きますが、旅人は服を押さえて飛ばされないようにします。北風は、どうしても上着を脱がせることはできません。次に、太陽が照り付けます。すると旅人は暑がって、上着を脱ぎます。

昔から、部下を統率したり子弟を教育したりする際に、厳しく当たるのか温かく接するのか、どちらが良いかという議論があります。私は迷うことなく、太陽政策を採ります。

子育てを考えてください。悪い点を叱っても、子どもはいじけるだけです。それより、良い点について「よくできたね」と褒め、「次はここを頑張って」と誘導する方が、子どもは努力します。また、あなたが妻に向かって、「太ったんじゃないか。ダイエットしたらどう」と言っても、「何よ、あなたもおなかが出て……」と反論されるのがオチです。「きょうは一段ときれいだな。少しやせたんじゃないの」と言った方が効果があります。妻は、さらにやせようと努力するでしょう。

このように良い点を褒めることは、誰にでもできます。しかし、職員の欠点を褒めて直すのが、もう一つ上の課長の技です。

まずは、職員の欠点ばかりを見ることをやめましょう。彼や彼女にも、良い点はあるでしょう。さらに、短所を長所に言い換えます。「決断力がない」といった短所は、「周囲の意見を聞ける」という長所と捉えるのです。その上で、仕事で足りない点を指導しましょう。

人を動かすには、餌で釣る方法とむちを当てる方法とがあります。馬の首の前にニンジンをぶら下げるか、馬のお尻にむちを当てるかです。報酬をちらつかせ仕事をさせるのか、しないと罰則を与えるぞと脅して仕事をさせるのか。むちよりはニンジンの方がよいですよね。北風よりも太陽です。長い目で見たら、間違いなくニンジンの方が効果があります。

しかし、ニンジンを使うには、お金が掛かります。これに比べ褒めることは、お金も掛かりません。しかも、本人が喜んで自ら動くのです。最も効率的です。むちよりニンジンより、褒め言葉で動かすのです。

三つ褒めて一つ指導する

仏教には、「人《にん》見て法を説け」という教えがあります。人に何かを説いたり諭したりするときは、相手の性格や能力を考慮して、適切な言い方をすることが必要だという教えです。

仕事のできる職員は、褒めてどんどん鍛えましょう。一つの仕事ができたら、その「ご褒美」は次の難しい仕事です。その際に、彼や彼女が「なんで、私ばかり仕事を押し付けられるの」と不満を持たないように、「あなたには、組織になくてはならない職員になってほしいんだ」ということを、上手に伝えなければなりません。

そうでない職員には、その人に合った指導をします。

面と向かって「ここがいけない」と指摘されることは、気分の良いものではありません。本人が気付いていることであっても。いえ、気付いてはいるけれど直せていないと自覚しているので、他人に指摘されるとさらに気分が悪くなります。そこで、まずは良い点を褒めて（職員の気分を良くして、話を聞く気持ちにさせてから）、欠点を直させるのです。

Aさんが、100点が標準である仕事について、70点の成果物を持って来た場合です。「なんだこれは、××が抜けている。やり直し」と言いたいでしょう。そこを我慢して、「ここは良くできているね。80点まできているよ。あと、ここをこのように直すと満点だ」と修正点を指示します。このように言われると、うれしくなって、直そうと思いますよね。三つ褒めて、一つ指導しましょう。褒め過ぎと思うくらいでも、大丈夫です。

そして、再度持って来たものが標準に達していたら、「よくできた、100点や」と褒めます。もし、95点のものを持って来たら、そして締め切りが迫っていたら、「よくできた。これで合格。あと少し私の趣味があるから、そこは私が加筆するわ」と引き取って、自分で加筆します。

相手を傷つけずに指導する方法に、次のようなやり方もあります。行いが悪いBさんには、その行いを見たときに、笑いながら「若いときの私と同じやなあ、〇〇なところが。私も先輩に注意されて直したんや」と指導するのです。

悪い話は広がる

「みんなのいる前で、部下を叱ってはいけない」。この教訓は、ご存じですよね。

怒ると、本人は萎縮してしまいます。人前で叱られたことで、プライドを傷つけられます。しかし、本人がいない所でも、他の人の前で悪口を言うことは要注意です。

次のような場合を、想定してみてください。

課長補佐Bさんが、飲み屋であなた（課長A）にぼやきます。「Cさんの出来が悪くて。課長も思うでしょ。実はきょうも……」と。あなたにも、思い当たるところがあります。しかも、出来の悪いCさんを部下に配置して、B課長補佐に苦労させていて申し訳ないという思いもあります。さて、どのように話を続けますか。

あなたが、「そうなんだよな」と相づちを打ったとします。そして話は具体的になります。Cさんは遅刻が多い。無駄口ばかりたたいていて、仕事が遅い……。ところが、B補佐は後日、D係長と話した際に、「A課長は、Cさんのことを『出来が悪い』とけなしていたよ」と言ってしまうかもしれません。「D係長には、申し訳ないなあ、Cさんの出来が悪くて。でも、みんな分かっているからね。先日A課長とも……」といった会話は、いかにもありそうです。そして、このような話は、あっという間に広がります。回り回って、それがCさんの耳に入ったら……。

飲み屋で、部下の評価について話すことはやめましょう。

それに対し、褒めることは、どんどんやりましょう。その場にいる職員をまず褒めます。そして「Cさんのことは置いといて……」と、その場にいないEさんやFさんも褒めるのです。「(あなたほどではないけど) Eさんも、積極的に仕事に取り組んでくれて、ありがたいよね」とか「Fさんも仕事が早く、出来も良いよね」とかです。

やがてその話が彼ら彼女らに伝わると、良い方向に進みますよね。本人に面と向かって褒めるより、効果があります。

新人の取扱説明書

職員の指導において、特に気を使わなければならないのは、新規採用職員の教育です。彼や彼女が、良い公務員になるかならないか。その大部分は、最初の職場に影響されます。

卵からかえったひな鳥は親鳥を見て、その後をついて行きます。同じように新採職員も、あなたや先輩の仕事ぶりを見て、それをまねします。仕事だけでなく服装や立ち居振る舞いもです。

新採職員が職場で悩んでいることの上位三つは、「電話に出るのが怖い」「職場の人の顔と名前が覚えられない」「周囲に相談できない」とのことです。最初の二つを解決するには、経験を積んでもらい、周囲が見守るしかないでしょう。場合によっては、受けている電話を同僚が代わってやるとか、上司の傾向と対策を教えてやるとか、助けてやりながらです。まさに「やって見せ、言って聞かせて……」です。

問題は、三つ目の「周囲に相談できない」です。最初でつまずくと、新人の命取りになりかねません。悩んだときに誰に聞いたらよいかが分かりません。いえ、その前に、これを人に聞いてよいのかが分からないのです。私たちができる一番の心配りは、「何でも相談できる雰囲気」をつくることです。

もっとも、課長がいきなり新人の相談に乗ると、彼や彼女は身構えるでしょう。指導係の先輩職員、メンター（助言者）を付けましょう。その際に、メンターに指名する職員Aさんには、次のようにお願いします。「今度来るBさんの指導員になってくれないか。君の仕事が忙しいことは分かっているけど、君の仕事ぶりを見込んでのお願いだ。困ったことがあれば、いつでも相談してくれ」と。

あなたは「重し」

新人職員が感じる、上司の重し（プレッシャー）の調査もあります。

それによると、「言っている意味、分かる?」「そんなことも分からないのか」という一言が、負担になるそうです。さらに、「期待しているよ」も重荷になるようです。上司が配慮したつもりの言葉が、新人職員には重しになっているのです。下痢、腹痛、頭痛が起きることもあります。解消法の一つは、「トイレで一人の時間をつくる」ことだそうです。彼らは、人知れず悩んでいます。気付いてやってください。

あなたも市長室に呼ばれて、指示を受けるような状況だと、緊張しますよね。「はい、はい」「分かりました。やってみます」と答えたものの、部屋を出て来たら、「何を言われたんだっけ」と頭の中は真っ白だったという経験はありませんか。職員があなたの指示を受けているときも、それと同じような状況にあります。

ところが、上司は、しばしば部下が緊張していることに気が付きません。例えを出しましょう。野球でもサッカーでも、名選手が良いコーチにならないことがあります。なぜか。

一流の野球選手は「前から飛んできたボールを見て、バットでたたけば飛ぶ」のですが、普通の選手はそうはいきません。だから悩んでいるのです。しかし、一流の選手は、そんなことで悩んだことはありません。普通の選手がなぜ同じようにできないのか、何を悩んでいるのかが、理解できないのです。

「なぜこんなことができないの」と詰めるのではなく、「こうしたらどう？」と助言してください。あなたは、自らが経験で覚えたことを後輩に教える、良いコーチになりましょう。

相談に乗る

重要なことは、職員を一人で悩ませないことです。若手職員には、『明るい公務員講座』を渡して、「一人で悩まず、誰かに相談しなさいよ」と助言してください。仕事の進め方で悩んでいる職員には、『明るい公務員講座 仕事の達人編』を読んでもらいましょう。その際に、勉強してほしい点があれば、該当するページに付箋を付けておくと、より分かりやすいでしょう。「そうか、課長はこんなところを心配してくれているのか」と思ってくれるでしょう。

若手職員とともに気を付けなければならないのが、異動してきた年齢の高い「職場の新人」です。若い職員が怖いもの知らずで突破できることでも、年齢が高くなると恥ずかしさが先に立ち、遠慮がちになるからです。相当の経験者でも、新しい職場に異動してきたときは、緊張し不安を感じることがあります。それを忘れずに。

職員の悩みに気付く

職員の「異常」に早く気付くことも、上司の重要な役割です。

職員が何に悩んでいるか。それを早く認識することが必要です。そして悩んでいる職員は、それを自分から声にできないことが多いのです。同僚と上司が、気を配ってやらねばなりません。

職員の悩みには、仕事の悩みと身の上の悩みがあります。仕事での悩みは、仕事の進め方であったり、職場での人間関係であったりします。これらは、察知できれば解決できます。一方で、仕事の悩み以上に、身の上の悩みが問題で、しかも仕事の足を引っ張るのです。もっとも、身の上の悩みはプライバシーに関わることであり、どこまで立ち入るかは難しいものがあります。その職員との間に信頼関係ができていれば、話してくれることもあるでしょう。親しい同僚や先輩がいれば、その人が相談に乗ることができます。

課長が直接聞くと、その職員も身構えてしまう場合もあります。「この悩みを正直に説明すると、人事評価に響くのではないか」とか。そこで、いろんなことを相談しやすい経験豊富な職員に目星を付けておいて、何か気になったときには、彼や彼女から悩みを抱えているように見える職員に声を掛けてもらうという方法もあります。慣れた職員なら「私も気になっていました」と引き受けてくれるでしょう。これは、彼ら経験豊富な職員に対しても、「あなたを頼りにしている」という気持ちを伝えることになります。

職員は「壊れ物注意」

第3講で、職員は資料というモノを相手にし、課長は職員というヒトを相手にすると、お教えしました。当然、モノを相手にするのと、ヒトを相手にするのでは、扱い方を変えなければいけません。

資料を相手にするときは、ガンガンとたたいて良い案にするべきです。モノですから、いくらたたいても大丈夫です。たたき足りないことが問題です。鉄板に野球のボールをたたき付けるイメージでやってもよいです。あなたが上司と議論するときも、同じです。いくらきつくやっても大丈夫です。上司にはね返されて、あなたは強くなっていきます。

しかし職員を相手にするときは、柔らかい生ものを扱うのですから、そーっと丁寧に扱わなければなりません。強くたたくと、壊れてしまいます。職員指導は、障子紙を手のひらで押す感じでやりましょう。破れないように、裏から押さえながら押すことも必要です。時には、その障子紙は濡れていて破れる寸前の場合もあります。中には、厚紙のように、たたいてもこたえないくらい丈夫な職員もいるでしょう。その職員が障子紙か、濡れた障子紙か、あるいは丈夫な厚紙か。それを見抜くのも、あなたの重要な職務です。

職員は壊れ物です。「取扱注意」の紙が貼ってあると思いましょう。

職員が失敗したとき

部下が失敗をしたときは、怒りたくなりますよね。しかし、本人が失敗を自己申告してきたときに、その部下を叱るのは上司として最低です。本人は、間違ったことを反省しているはずです。それに追い打ちをかけても、何も良いことはありません。

また、失敗したかどうか分からないので、あなたに判断を求めに来ている場合もあります。部下が「どうしましょうか？」と聞いているときに、「ばかもーん」と怒鳴っては、部下はいじけてしまいます。失敗の原因が外部にある場合なら、なおさらです。「なんで、私が怒られなきゃならないの」と反発するでしょう。

失敗が生じた理由を分析してみると、次のようなものでしょう。

①上司であるあなたの指示が曖昧だった。正しく伝わらなかった。
②あなたの指示は的確だったが、担当者がミスをした。
③あなたの指示は的確だったが、その担当者には荷が重過ぎた。
④情勢が変化したり、外部から邪魔が入ったりした。

まず、④は担当者を叱っても駄目です。
①はあなたが悪い。第4講で、私の指示の出し方の失敗を話しました。職員が作ってくれた表を前に、「頼んだのは、こんなのと違うわ」と叫んでしまった事件です。指示がまずかったと気が付いたら、謝って方針を修正するべきだったのです。
③はあなたに部下を見る目がなかったので、これもあなたが悪い。
②は担当者が悪いのですが、途中で担当者が悩んでいたり、不注意でいたりしたのに、あなたは気付かず助言しなかったというような場合も多いでしょう。小まめに意

思疎通をしていれば、事前に解決できていたかもしれません。つまり、失敗の責任の一端は、あなたにもあるのです。そんなときに、担当者を叱るのは、八つ当たりか、自分の失敗を認めたくない演技でしかありません。あなたの評判を落とすだけです。そして、職員を叱っても、事態は良くなりません。失敗が分かったときに最も必要なことは、その修復法を考え、対策を打つことです。

なるべく早く失敗を把握できるように、悪い情報を報告してくれた部下を褒めることは、第3講でお教えしました。「よく早めに報告してくれた。ありがとう。じゃあ、直ちに対策を考えよう。原因はどこかな？」と言いましょう。

あなたが部長で、課長が報告に来てくれたと仮定しましょう。課長に「いや〜、職員がまたしくじりまして。厳しく叱り付けました」と言われても、困りますよね。部長としては、どのように対策を打って修復するかを知りたいのです。このような報告では、何の価値もありません。

④は、あなたの力の見せどころです。情勢の変化にいち早く気付いて、職員を指導してください。

職員は、あなたの仕事の仕方を見ています。部下が失敗を申告した時に、怒鳴り散らすのか、冷静に善後策を指示するのか。このような時だけでなく、職員たちは、普段からあなたの仕事の仕方を見ています。そして、仕事の技能だけでなく、仕事に取り組む姿勢も学ぶのです。

第8講の教訓

- □ 職員指導は、北風より太陽で。むちより、褒めることで人は動きます。
- □ 三つ褒めて、一つ指導しましょう。褒め過ぎと思うくらいで。
- □ 新人は、何を聞いたらよいか分からず悩んでいます。特に丁寧に扱いましょう。
- □ 失敗した職員を叱ってはいけません。何が原因かを、一緒に考えます。

コラム❸

精神の体力

レジリエンスという言葉を知っていますか。心理学で使われる言葉で、人がストレスやトラウマ（精神的外傷）を受けた際に、それを乗り越えていく力です。精神的な抵抗力や回復力と訳されます。「へこたれない精神」と言うと分かりやすいでしょう。

それには、個人差があります。同じような悲しい出来事やつらい出来事でも、乗り越える人と越えられない人がいます。また、苦しいことを順次克服していくと、精神的に強くなります。経験とともに、成長していくのです。

これは、体力（運動能力や病気への抵抗力）と同じでしょう。子どもは育つ過程で、体力を向上させていきます。より長距離を走ることができるようになり、風邪も引かなくなります。運動は、負荷をかけないと強くなりません。かといって、無理をすると筋肉を痛めます。

職場でも同様です。難しい課題に直面した場合、それを乗り越えていく職員と、挫折する職員がいます。その際に、上司や同僚が助言をすると、乗り越えられる場合もあります。仕事も簡単なものばかりでは、職員は成長しません。しかし、過大な仕事を与えると、心が折れてしまうことがあります。難しい課題ではなく、上司の厳しい指導がストレスになる場合もあります。パワハラです。

仕事のできる人は、成長の過程でそして仕事の経験で、この力を鍛えてきたのでしょう。すると職場において、知識や判断力、コミュニケーションといった能力が重要なのと同様に、この「精神の体力」を鍛える術、苦しいことをうまく乗り越えていく術を身に付けていくことが重要なのです。その際の「薬」は、いつも明るくしていることと、一人で悩まないことです。

ところで、体力の場合は、長距離走や重量挙げのように、数字で表示できます。しかし、精神の体力は、数字では表示できません。ここが難しいところです。

第9講

意欲を持たせる

さて、あなたの課の職員について質問です。指示しなくても積極的に仕事に取り組む職員がいるとともに、そうでない職員もいますよね。この意欲の欠ける職員を、どのように指導すればよいのでしょうか。

仕事が好きな人は1割

衝撃的な数字を、お示ししましょう。アメリカの調査会社であるギャラップ（Gallup）社が、世界155カ国の企業を対象に実施した、職員の仕事への熱意度調査です（State of the Global Workplace, 2017）。

それによると、「意欲があり積極的に仕事に取り組む職員」は、全体のわずか15％

です。この人たちは仕事への情熱を持ち、組織と固い絆があって、日々新しいことを考え、組織をさらに前進させようとしている人たちです。

しかし、全体の3分の2（67％）の職員は、「やる気のない職員」です。気持ちが仕事から離れていて、ダラダラと時間を過ごし、仕事にはエネルギーや情熱を傾けません。さらに残る18％は、「仕事を嫌っている職員」です。無気力で、同僚の成果も台無しにします。

「日本人は仕事熱心だから、そんなことはないだろう」と思うでしょう。ところが、もっと驚きの結果が出ています。日本での「意欲のある職員」の割合は6％です。「やる気のない職員」は71％、「仕事を嫌っている職員」は23％です。

回答者がどの程度、本心を答えているかは分かりません。しかし、仕事熱心な職員が、「私は熱意はないんです」と韜晦《とうかい》することは少ないでしょう。また「日本人は謙虚だから」とも言われますが、「私は仕事に力が入りません」という回答は謙虚とは違うでしょう。いずれにしても、良い数字ではありませんし、日本人は働き者だという通説を覆すものです。

ちなみに、アメリカでは、意欲のある職員が33％、やる気のない職員が51％、仕事を嫌っている職員が16％、ドイツでは、それぞれ15％、70％、15％です。

2・6・2の法則

この数字は極端だと思いますが、よく似た見方はあるのです。「2・6・2の法則」と言われるものです。アリの生態から名付けられた法則です。

アリは、せわしなく動き回っています。皆がせっせと働いているように見えますが、よく観察すると、全員が熱心に働いているのではないのです。100匹いると、そのうちの20匹がよく働き、60匹が普通に働き、残りの20匹は働かずサボっています。その比率が、2対6対2なのです。

私たち人間の組織でも、この法則は当てはまると言われます。ある組織を例に取ると、そのうち2割の職員は率先して働き、6割は普通に働き、残り2割は働かないということです。もちろんこれは、厳密な統計に基づく割合でも、科学的な法則でもありません。しかし割合は異なるとしても、組織では、優秀な職員、普通の職員、働かない職員が出てきます。

上司の立場から見ると、何割かの職員は優秀で組織になくてはならない人材です。次の多くの職員は特に優秀とまでは言えませんが、必要な職員。そして何割かは、いると困る、組織の足を引っ張る人です。全員が優秀でよく働く組織もあります。しかし多くの組織では、よく働く人とそうでない人がいるのです。

足りないのは技能ではなく意欲

職場においては、必ずしも全員が優秀ではなく、全員が仕事に意欲があるわけではありません。それが現実だと認識して、職員を指導しましょう。

「全員優秀でよく働く組織にすればよい」という意見もあるかもしれません。すべての職場にそれを求めることは、かなり困難です。「だから諦めろ」と言っているのではありません。伸びる職員はさらに伸ばし、そうでない職員は欠けているところを補うように指導するのです。本人たちが成長することは、組織全体の能力をかさ上げすることにもなります。それは、あなたの仕事を楽にしてくれます。

2・6・2の法則を前提とすると、上位2割の職員はあまり手が掛かりません。職員を育て組織の能力を高めるためには、中位6割の人たちに、より熱心に仕事をしてもらい、できれば上位グループに移行してもらうことと、下位2割の職員を戦力にすることが、課長の仕事になります。

では、どうすればよいのか。最初に掲げた調査結果を見てください。「意欲があり積極的に仕事に取り組む職員」は、仕事への情熱を持ち、組織と固い絆があると感じている職員です。他方、「意欲のない職員」は、気持ちが仕事から離れている職員です。ここで分かることは、仕事のできない職員は技能が足りないのではなく、「やる気がない」ということです。

学校の授業と同じです。学級の中には、自ら勉強する生徒がいます。本人にとっては勉強が面白く、また学ぶことがうれしいのです。テストで良い点を取り、周りの人に認められることで、さらに勉強します。その他の多くの生徒は、勉強する気はあるのですが、いまいち身が入りません。「どうせ頑張っても、あの人たちには追い付けないよな」と、諦めの気持ちもあります。また、中には、興味もないのに勉強を強要され、学校の規則に縛られることを苦痛に思っている生徒もいます。興味は勉強以外のことにあります。場合によっては、その不満を反抗という形で表すこともあります。

生徒の指導に悩む先生と、職員の指導に悩むあなたは、よく似た立場にあります。

意欲を持たせる指導

やる気がない職員には技能を教えること以上に、意欲を持ってもらうことが必要なのです。では、どのようにしたら、彼らは仕事に意欲を持てるのでしょうか。これも、勉強に例えてお話ししましょう。

まずは、仕事を面白いと思うことです。そのために、達成感を持ってもらうことです。勉強でも、与えられた問題用紙が1枚できると、うれしいですよね。難しい算数の問題を解けたら、うれしいです。それと同じで、仕事場でも一つの課題をやり遂げたという満足感を持ってもらうことが重要です。

次に、褒めてもらうことです。問題用紙を1枚仕上げて、先生に持っていきます。先生がそれを見て「よくできたね」と花丸をくれると、「よっしゃー」と次の問題に取り掛かる意欲が湧きます。職場も同じです。仕事を仕上げて上司に褒めてもらうと、意欲が湧きます。

三つ目に、共同作業で一体感を持つことです。学校でも、解き方が分からないときに、先生がヒントをくれたり、友達と話をして解決したりしたときには、うれしいですよね。運動会の組み体操を思い出してください。級友と協力することで扇型やピラミッドができます。そして、クラスみんなが一斉にできるとうれしいですよね。一人ではない、みんなと一緒に「できた」という喜びです。職場でも、悩んだときに上司や同僚が相談に乗って助言してくれたら、そしてみんなと一緒に一つの仕事を成し遂げることができたらうれしいものです。

これまでの話をまとめると、やる気に欠ける職員への処方箋は、次の三つでしょう。

一つ目は、達成感を与えることです。そのために、指示を明確にして、彼にできることをさせることです。指示が重要になります。

二つ目は、仕事ができたら褒めること。褒めることで、やる気を出させます。

三つ目は、みんなと一緒に仕事を進めることで、一体感を味わってもらうことです。

そのためには、彼が悩んだときに相談に乗る、あるいは相談相手になる人を付けることです。

やりがいが意欲を高める

誰でも採用されたときは、「頑張ろう」と思っています。職員たちは、難しい採用試験を受け、採用面接では積極性を訴えたはずです。その意欲が、いつの間にか低下しているのです。仕事の中で「よし、頑張ろう」と思うときがあるのですが、これをずっと続けるのは難しいのです。しかし、職業人として成功するためには、上司から与えられた仕事をこなすといった受け身から一歩前に出て、自分から仕事に取り組む積極性が欲しいのです。

どのようにすれば、やる気を持続してくれるのか、積極的に仕事に取り組んでくれるのか。先の調査結果でも、優秀な職員は組織と固い絆があって、組織をさらに前進させようと考えている人たちでした。組織との一体感が重要な要素です。

そのために、職員に「自分がやっている仕事は、この組織にとってなくてはならないものだ」「上司も周りも、私の仕事を高く評価してくれている」と思ってもらうことを目指しましょう。すると、職員を褒めることの次に必要なことは、職員に自分たちが役所の中で、あるいは社会の中で必要とされている仕事をしているのだと、確認させることです。

やりがいが職員に意欲を持たせることに関して、次のような話を紹介しましょう。

「2・6・2の法則」に戻ります。あの100匹のアリの集団から、よく働くアリ20匹を取り除いてみます。するとどうなるか。残った80匹の中からよく働くアリが出てきて、その割合が全体の20％になるのです。残されたそんなに熱心でなかったアリの中から、一定割合で「私が働かなきゃ」と仕事を始める者が現れるのです。

アリの例を人間にそのまま当てはめることは、適切ではないでしょう。しかし、これを参考にすると、職員には、「このよく働く20％になるのだ」と思ってもらうことが大切です。彼がやっている仕事が役所にとって必要であることを説明し、理解してもらうことです。市長の演説に取り上げてもらう、広報誌に取り上げられることなどで、やりがいが高まります。役所の中や社会でも認知されている、ということなのですから。

「責任ある仕事をしている」と思うことで、仕事に積極的に取り組むようになります。仕事には、組織から見ると大きな仕事もあれば、小さな仕事もあります。時計の歯車には、大きな物も小さな物もあります。しかし、小さな歯車も欠けると、時計は動きません。それと同じように、それぞれの職員に、「これが私の仕事だ」と思ってもらうことが重要です。

職員にも事情がある

「2・6・2の法則」では、かなりの割合の職員は、仕事に対する意欲が高くないことになります。ところが、このような見方は上司からの見方です。職員の側から見ると、違った光景が見えてきます。仕事に全力をつぎ込まない職員にも、彼らなりの事情があるのです。

その一つは、仕事以上に打ち込むものがある場合です。例えば、山登りや旅行などが生きがいの人です。仕事は、そのための資金を稼ぐことが目的です。職場より趣味を優先するのです。いえ、彼や彼女にとってはその趣味の方が主たる仕事で、職場は副業です。

職場での出世を諦めて、別のことに生きがいを見いだした人もいます。町内会活動や子どもの野球のコーチとか。この人たちは、「そこまでして働かなくても」と考えています。

ところが、出世も諦めながら、他の生きがいを見いだせない人もいます。この人たちは、悶々と不満を抱えて、「職場のお荷物」になってしまうことがあります。

また、親の介護や子育てをしている職員は、急に残業を言われても困ります。子どもが急に熱を出して、保育園に迎えに行かなければならないこともあります。家族に障害を持った人や重病の人がいて、その支援が大変だとか。仕事に生きがいを持っているのですが、仕事だけに打ち込むわけにはいかないのです。

さらに、仕事どころではない人もいます。子どもが問題行動を起こしたとか、家族の間で問題が起きているとか。ギャンブルにのめり込み、大変な金額の借金を抱えているとか。頭の中は悩み事でいっぱいです。このような状態では、仕事に身が入りません。

全員が仕事人間ではない

私が働き始めた頃は、「仕事人間」が高く評価されました。滅私奉公、すべてを仕事場に捧げるのです。振り返ってみると、それは家事や子育てをすべて、妻のキヨーコさんに任せたからこそできたことです。家庭や趣味を放棄して仕事に専念する。それは、それができる条件に恵まれた「普通でない」暮らしでした。そんな私の反省を込めて、お話ししています。

役所で仕事に専念できて、課長に出世してきたあなたは、気付かなかったことかもしれません。しかし皆が皆、そのようなことはできません。職員全員に、自分と同じことを求めてはいけません。

先ほど述べたような事情にある職員たちには、それに応じた対応を取らなければなりません。例えば、趣味を優先する職員です。公務員には職務専念義務があります。しかし、副業は許可を得なければならず、趣味も勤務時間外にする必要があります。しかし、労働者としての権利の範囲内で、休暇を取ることは許されています。

子育てや介護をしている職員も、法令の範囲内で配慮をするのは当然ですが、彼らの経験が職場でも重要であることを考えましょう。私たちが行政の立場で相手にしている人たちは、みんなそれぞれに事情を抱えています。それを無視した仕事はできないのですから。

私生活で深刻な問題を抱えている職員は、対応が難しいです。相談に乗ってあげることができる場合もありますが、上司の方からプライバシーに立ち入ることはできません。彼や彼女から、相談してくれればよいのですが。もっとも、そのような事情は職場で解決してあげることは難しいでしょう。弁護士などに相談に行くように、助言することが精一杯でしょうか。職場で少しでも支援できると、早く解決できるかもしれません。

第9講の教訓

- □職員は、仕事に意欲を持っていないこともあります。それを前提に職員指導をします。
- □やる気に欠ける職員への処方箋は、やるべき仕事を明確にして達成感を持たせること、褒めること、相談相手を付けて組織として支えることです。

第10講

人事評価から逃げるな

課長になるとやらなくてはならない仕事に、職員の人事評価があります。人事評価は、やりたくない仕事ですよね。自己申告する職員にも、それを評価する上司にとっても面倒です。また、良い評価ばかりするわけにはいきませんから、一部の職員に厳しい評価を下すことは、つらいことです。しかし、これは避けて通ることができません。

人事評価制度は、国では近年に実現した制度です。必要だから導入され、そして定着している制度です。面倒だと考えず、この仕組みを利用して、職員を育て、組織の仕事を進めることを考えてください。仕事の進め方への利用と、職員指導の二つの面に分けてお話しします。

期首面談で仕事の優先順位を示す

まず、期首の「自己申告」と「面談」についてです。

自己申告と面談は、良い機会です。職員の評価は、現在の人事評価制度の導入以前から、それなりに行われていました。しかし、自己申告と面談は、人事評価制度で導入されたものです。私は、これは意義があったと考えています。

「部下とは普段から接しているから、改まって話すほどのことはない」と思う人もいるでしょう。しかし、毎日の会話と改まった面談とは意義が違います。

毎週月曜日の課内打ち合わせや日々の指示で、各職員がするべき仕事と進捗状況を確認します。しかし、そのような「日々の確認」とともに、「半年や1年といった長期間を見通した確認」も重要です。小さな作業が進んでいても、大きな方針とずれていると、期待した成果は出ません。

制度が始まった頃、ビックリした経験があります。毎日一緒に仕事していて、緊密に会話もしているA課長補佐。課長である私の隣の机にいる優秀な人材です。そのA

課長補佐が、目標の自己申告欄に、私が考えていたことと全く違った仕事を並べてきたのです。これは、ショックでした。「毎日一緒に仕事をして、これだけ会話しているのに、私の意図が通じていなかったのか」ということに驚いたのです。

その後も、職員からの自己申告書を見て、「私の期待していることとずれているなあ」と思うことがありました。その際は、職員に質問します。

「あなたが重点的に取り組む仕事として書いているこの○○はその通りだけど、先日から話している××の方が重要な仕事だよ。これから半年で、こっちをしてほしいんだ。書いてないけど、なぜ?」と。そして、彼の言い分を聞いた上で、書き直してもらいます。これで彼も安心して、半年間の業務方針を立てることができるはずです。

「上司が考えている仕事の優先順位は××の方が高いんだ。確かに、課長が言うように、こちらは住民からも指摘されているし。では、○○は後回しにしよう」と。

職員を客観的に評価する

次に、人事評価を職員指導に活用する方法をお話しします。

期末には、職員の人事評価を行います。部下の評価を「面倒なことだ」「厳しい評価を付けるのは嫌だ。できれば穏便に済ませたい」と考えている人もいるでしょう。

しかし、職員の育成において、指導と評価は切り離せません。

職員を評価することは、難しいことです。国にあっては、内閣人事局がマニュアルを作っています。１００ページを超える大部なものです。それくらい大きな仕事なのです。

しかし多くの人は、人事評価の方法を、系統立てては学んでいないでしょう。また、評価基準を具体事例に当てはめた練習、例えば特定の職員Xさんを取り上げ、A評価なのかB評価なのか、はたまたC評価なのかといった模擬訓練も、したことがないでしょう。上司のやり方を見て学んだ、ということもないでしょう。

また、評価はつらいことです。特に部下職員に低い評価を付けざるを得ないときは、困りますよね。全員が優秀なら迷わなくてもよいのですが、全員が優秀という職場はそんなに多くはありません。

決して良い仕事ぶりでないXさんに、「低い評価を付けると本人が傷つくし、私との関係も悪くなるので、無難なところでB評価を付けておこう」という気になりがちです。しかし、それは良くありません。

Xさんは、「そうか、やはり自分は仕事ができるのだ」と誤解してしまいます。彼は自らの欠点に気付かず、直そうとはしません。もちろん、仕事ぶりは良くなくても、協調性など良い点があれば、それは評価してあげればよいのです。

また、同僚に仕事のできるYさんがいます。Xさんが自分と同じB評価をもらっていると分かったYさんは、「なんで出来の悪いXさんが、私と同じB評価なの」と不満を持ったり、「どうすれば課長に良く評価してもらえるのかな」と悩んでしまったりするかもしれません。

さらにあなたの上司からは、「あのXさんにB評価を付けるとは……。君は、何を見ているのかね」と言われ、あなたの評価が下がります。

あなたが良かれと思って付けた評価で、誰も得をしません。きちんとした評価をすることで、Xさんは奮起し、Yさんは士気が上がり、上司は満足してあなたの評価も上がるのです。

良い点を評価しよう

人事評価のコツについて、お話ししましょう。

まずは、評価対象の職員の良い点を探しましょう。その次に、彼や彼女の足りない点を挙げてみます。

人は、他人に対し、好き嫌いが出てしまいます。気に入っている職員なら、「あばたもえくぼ」に見えます。どんどん評価が良くなります。他方で、嫌いな職員に対しては「坊主憎けりゃ袈裟まで憎い」となって、どんどん評価が悪くなります。人の好き嫌いとは、そんなものです。

私たちは聖人君子ではないので、客観的な評価をすることは難しいです。しかしそれでは困るので、それを補正するために、まず彼や彼女の良い点を書き出すのです。私もあなたも、完璧な人間ではありません。その上司から見たら、いろいろ欠点を持っています。しかし、自分では気が付きません。それを忘れて、完璧な人間を基準にして部下を評価することはやめましょう。

この評価作業は人物を評価するのではなく、仕事ぶりと能力の評価だということを思い返しましょう。彼が良い父親であるか、彼女が地域の良いリーダーであるかといったこととはいったん切り離して、職場での仕事ぶりを評価するのです。

人事評価への不満を減らす

職員は、人事評価制度に不満を持っていることが多いのです。

あるアンケートでは、満足が2割、不満が4割、どちらでもないが4割です。満足していない職員が多いのです。不満の理由は、「評価基準が明確でない」や「評価者の好き嫌いで評価される」です。

自分自身を客観的に分析することは困難です。人は、自分を5割増しに評価し、他人を3割引きで評価すると言われています。良い評価を受けると、本人は「私の実力だ」と思います。反対に、そうでない評価をもらうと、「上司は私のことを正当に評価していない」と考えます。

高く評価されたら、評価制度に不満を持たないでしょう。低く評価されると、評価制度や評価者に不満を持つでしょう。それが「評価基準が明確でない」とか「評価者の好き嫌いで評価される」といった、評価制度への不満として表明されている面もあると思われます。

また、アンケートによると、人事評価で知りたい項目は、「評価された実績や行動、態度」「あまり評価されなかった理由」「改善が必要な職務行動、役割意識」です。そのため上司としては、できる限り部下に、人事評価の在り方を納得させることに力を入れなければなりません。

普段からの指導

ところで、期末の人事評価は、その時点で突然に考えて記入するものではありません。それは、半年間の積み重ねの「締め」です。

期首の目標設定と面談から、半年後の評価と面談まで、上司と部下が「他人の関係」にあるわけではありません。日々の仕事について、指示と進行管理、相談と添削をしています。その間に、職員に対し良い点を褒め、欠けている点を優しく指導しているはずです。

これらの指摘と指導は、それぞれの仕事に関して個別具体的なものです。期末の評価は、それらの積み重ねで出来上がるものです。だから、期末になって突然厳しいことを申し渡すのではなく、普段から指導を積み重ねて、こちらが気付いた本人の欠点を伝えておく必要があります。

期末の評価の際の面談も、意義が大きいものです。普段は職員に対して、良い点と足りない点を冷静に話すことはないでしょう。また、職員からの言い分を聞くこともないでしょう。お互いに気恥ずかしいですしね。しかし、制度として組み込まれている面談は、きちんと対面できる機会です。

その際に重要なことは、あなたが気付いた点を彼や彼女に伝えるとともに、彼や彼女の話を聞くことです。話を聞いてもらえることで、彼らは少しは落ち着くことができます。もちろん、あなたが気付いていなかった職場の課題などを知る良い機会でもあります。

短期的な評価と長期的な評判

ところで、職員の評価は、半年や1年の業績についての上司の評価とともに、長い時間をかけた周囲からの「評判」で決まります。

評判の悪い職員（以下「問題職員」と言います）は、人事評価に不満を持つことが多いようです。彼らはしばしば、自分の実力を過大評価している「自己チュー」であったり、自分のことは棚に上げて他人を批判する「評論家」であったりします。自分を客観的に分析することができません。周囲からどのように見られているかが分かりません。

あなたはそのようにならないために、周りの人の声に耳を傾けてきたと思います。忠告を受け入れる姿勢。他人の評判を聞いて自分の行動を直すこと。そのような話ができる仲間を持つこと。職場での友人、先輩、職場外での同好の士……それらが、あなたを立派な課長に育ててくれたのでしょう。

しかし、これまでそうしてこなかった問題職員に助言するのは、難しいことです。問題職員は、そのような友人を持たず、助言を受け入れないので、困った職員になってしまったのですから。彼に、この人なら話を聞くという相手がいると、その人に手伝ってもらうことができます。そのような助言者がいるとよいのですが。

問題職員については、関係者が彼には問題があると認識していることが多いでしょう。周囲の職員の負担感を軽減し、組織全体で対応するように、人事課と情報の共有をしておくことが必要です。

職員管理でなく職員育成

第3章では、課長の重要な任務の一つである職員の指導についてお教えしました。一言で言うと、「褒めて育てる」です。この言葉を、もう一度、考えてみてください。第2章は「事務の管理」でした。しかし、第3章は「職員の管理」ではなく、「職員の指導」としてあります。

与えられた目標を達成するために、職員を使って作業をします。しかし、職員は機械ではなく、歯車でもありません。生身の、そして感情を持った人間です。意欲を持ってもらい、達成感を持ってもらわなければなりません。

むちで強制するのではなく、自発的に取り組んでもらわないと、良い成果は出ません。それが職員を成長させます。今まだ未熟な職員も、あなたの良い指導によって、立派な職員に育つのです。

第10講の教訓

- □ 期首の面談で、なすべき仕事の目標と優先順位を職員と確認します。
- □ 人事評価は、人格の評価でなく、仕事ぶりの評価だと割り切りましょう。
- □ 事務の進捗は管理しますが、職員は管理するのではありません。指導と育成をするのです。

第4章

職場の管理——困ったことも起きる

第11講

内部統制

第3章までで、課長にとって主要な二つの役割、事務の管理と職員の指導について説明しました。第4章では、職場管理に必要な知識についてお話しします。管理職を務めるために、知っておかなければならない事項です。

知らなかったでは済まされない

職場では、困ったことも起きます。その際にどのように対処したらよいのか、またそのようなことが起きないように、何をしておかなければならないか。知識と心構えを持っている必要があります。

ここでは、その中でも、新しい技術の普及や、社会の意識の変化で問題になってきたものを取り上げます。これらは、私が公務員になった頃には、問題自体が発生していなかったもの、あるいは組織の問題として取り上げられていなかったものがほとんどです。系統立てた対応の研修を受けた人は、いないでしょう。

公務員法や刑法に規定されている基本的な制度や義務（職務専念義務、守秘義務、収賄、信用失墜行為の禁止や政治的行為の制限など）は、教科書でも研修でも出てきますから、ここでは解説しません。

まず、組織のリスクとも言うべき事例を、取り上げましょう。

法令順守

「コンプライアンス」(compliance) という言葉を、よく耳にするようになりました。日本語にすると「法令順守」です。法律を守らなければならないのは、当然のことです。しかし、それが取り立てて議論されるというのは、そうなっていないことがあるからです。

この問題は、役所より先に、企業で問題になりました。建物建設や自動車製造について、法令の基準を守っていなかったり、性能を偽って販売したりしていた事例。食品の製造販売や料理店で、内容を偽った表示をしたり、賞味期限切れの食品を提供したりしていた事例。大企業での粉飾決算などなど。著名な会社がやっていたこともあり、大きな社会問題になりました。廃業に追い込まれた会社もあります。

法令違反だけでなく、会社の内規に違反したり、消費者の信用を裏切ったりするようなことも、問題になりました。従業員が職場で悪ふざけをして、その映像がインターネットで拡散し、消費者の反発を買うようなこともありました。法令違反ではないのでしょうが、客の信頼を裏切ることであり、企業倫理の欠如として大きな非難を浴びたのです。その後も、このような不祥事は後を絶ちません。

役所にあっても、例えば、かつて厚生労働省の外局であった社会保険庁で、年金記録が適切に保管されず、大量の年金受給権者が受け取るべき年金額が不正確になっていることが発覚しました。２００７年には、「消えた年金」として大問題になりました。職員が意図してやったのではないでしょうが、組織として適正な管理ができていなかったことは明白です。また、職員が興味本位で有名人の個人情報を盗み見ていたことも、問題になりました。国民の大切な年金を預かっているのに、順法意識や管理能力が欠如していると批判を浴び、２００９年に社会保険庁は廃止されました。

公務員倫理

国家公務員倫理法や公務員倫理に関する条例は、もちろん理解しておかなければなりません。

国家公務員倫理法は、１９９９年に定められた法律です。国家公務員が過剰な接待を受けた事件がきっかけとなって作られました。金品や度を超した接待を受け、許認可で手心を加えたのではないかと問題になったのです。

倫理は、平たく言うと道徳です。通常は、道徳は守るべきではありますが、罰則はないものです。罰則が付いて守らなければならないものが法です。しかし、「倫理法」と名付けられているように、道徳であっても強制的に守らなければならないものとして、法律が定められたのです。

詳しくは、人事院の国家公務員倫理審査会のホームページを見てください。職員用教材には、当時の事例やしてはいけない事例が紹介されています。

あなたは、十分承知していることでしょう。そして、身を律していると思います。しかし、職員はどうでしょうか。職員が違反しないように、注意や啓発をしておかなければなりません。

セクハラとパワハラの防止

次に、セクハラやパワハラです。職場でのセクハラ（セクシュアル・ハラスメント）や、パワハラ（パワー・ハラスメント）が、しばしばニュースになります。「私には関係ない」「わが職場は大丈夫だ」と思っていると、危ないですよ。

人事院のホームページに、「ハラスメント防止」のコーナーがあり、セクハラの「理解度チェック」と「意識度チェック」ができます。試してみてください。あなた自身が気付かないうちに、職員に対してセクハラやパワハラをしている危険があります。教材を見ると、とんでもない事例も載っています。

かつては、飲み会の席で女性職員にお酒の酌をさせるとか、課長の横に座らせるといったこともありました。親密さを示すために肩に手を回すとか、カラオケでデュエットを要求するとかも。すべて、アウトです。若い職員に「まだ結婚しないの」とか、既婚者に「子どもはまだなの」といった声掛けも、セクハラになる場合があります。

あなたが「これはパワハラではない。親切で言っているんだ」と主張しても、相手が不快な思いをしているかもしれないのです。「これまでもやっていたし、問題にならなかった」という言い訳をする人がいますが、「社会の基準」が変わったのです。

国家公務員の人事関係の相談件数のうち、22％がパワハラで、セクハラが3％、パワハラ以外のいじめが6％という調査結果もあります。ハラスメントに関する職員教育が必要なわけです。あなたが加害者にならないようにするだけでなく、職場でそのようなことが行われないように配慮しなければなりません。

禁煙も、最近厳しくなったルールです。かつては職場でも飲食店でも、自分の席でたばこを吸うことは、当たり前のことでした。しかし、受動喫煙の危険性が認識され、喫煙者以外の人の健康を守るようになったのです。

勤務時間終了後、職場でそのまま酒を飲むことも、しばしば行われていました。しかし、職場はそのようなことを行うための場所ではありませんし、ワーク・ライフ・バランス（仕事と生活の調和）の観点からも行うべきではありません。打ち上げをしたいなら、あるいは勤務時間の後で職員と話をしたいなら、飲食店に行きましょう。もちろん、参加を強制してはいけません。希望する職員だけで行くことです。その際も、割り勘ではなく、あなたが多めに払うのですよ。

公益通報制度

職場で不都合なことが行われているのを見たとき、「外にこのことが出てしまったら批判を招くから、内々にしておこう」と思いたくなるかもしれません。しかし、「臭い物に蓋」で済ませようとか、「1年もすれば私も異動するから、それまでやり過ごそう」といった考えは許されません。管理職失格です。

隠し事は必ず漏れると、覚悟してください。外の人に見つかる以上に、内部の者から漏れることが多いのです。内部告発、内部通報、いわゆる「たれ込み」です。企業や役所での不祥事も、明るみに出た事例の多くは、内部の者からの告発や関係者からの指摘によるものです。

２００４年に公益通報者保護法ができました。内部告発を行った人を保護する法律です。内部告発者保護法とも言われます。内部告発者は、社会にとっては正しいことをしているのですが、組織にとっては「裏切り者」とされる場合があります。職場で不利益な扱いを受けることがあるので、それを防ごうという法律です。

通報先は、その事業者、監督官庁や警察、マスコミ等です。役所は、自らが内部の職員からの通報を受け付ける事業主であるとともに、監督官庁として外部の者からその企業などについて通報を受け付けることもあります。

あなたが、職員や民間人から通報を受けた場合にどのように対応すべきかを、勉強しておいてください。通報者を保護するために、通報内容をみだりに関係者にしゃべったりしてはいけません。一般的な情報の取り扱いとは違った注意が必要です。

不当要求

役所に対して、不当な要求をしてくる人もいます。クレーマーも過度になると、不当なものに該当します。

特に気を付けなければならないものに、行政対象暴力と言われるものがあります。暴力団（経済活動へ介入する際には、「反社会的勢力」と呼ばれます）などが、脅迫によって、不当な事項を要求してくるのです。その者への補助金の交付や許認可といった有利な取り計らいや、他者への不利な扱いを求めてきます。

ここまでなら、あなたは被害者です。しかし、穏便に済ませようとして「一度だけなら」と、その要求を認めてはいけません。次には、その不法行為をしたことを理由に、さらに不当な要求をしてくることもあります。「ゆすり」です。それが、彼らが付け入ってくるときの方法なのです。

反社会的勢力との関係は、暴力団対策法や組織犯罪処罰法とも関連してきます。端緒があったら、直ちに上司に報告して、警察と相談することが必要です。

問題事例

啓発活動や職員研修に取り組み、管理職が目を光らせても、問題事例は発生します。２０１６年度に、全国の地方公共団体で懲戒処分を受けた職員は、約４２００人にも上ります。主な内訳は、勤務態度不良などが約１７００人、飲酒運転などが約１０００人、公務外の非行（傷害や暴行など）が約７２０人、横領や収賄などが約１３０人となっています。２０１６年度中に発覚した汚職事件は76件です。その背景として指摘されているのは、業務チェックの不備、監督不十分、特定職員への権限集中などです。

あなたの職場でこのようなことが起きないように、日ごろから注意をしてください。

甘えは許されません

不祥事には、職員がうっかりミスを犯す場合と、知っていながら違反する場合があります。また、組織ぐるみで違反をする場合や、日ごろからの惰性による倫理軽視の場合もあります。

意図的なものであれうっかりであれ、また、個人が引き起こしたものであれ組織的なものであれ、外部から見ると組織が引き起こした法令違反や倫理違反です。国民から厳しい指弾を受けることになります。

課長がしなければならないことは、まず、職員が違反をしないように予防し監督することと、職場ぐるみで法令違反を行わないように注意することです。

かつては、「誰にも迷惑を掛けていないから、少々の違反なら許されるだろう」という甘えもありました。しかし、その時点で明白な迷惑を掛けていないとしても、最後は国民や住民に迷惑を掛けることになり、行政への信頼を失うことになります。「これまでもやってきたことだから」という言い訳は、もはや許されません。適切でない仕事ぶりが行われていることを知っていながらそれを放置しておくと、あなたにも管理責任が生じます。もし危ないなと思ったら、上司に相談し、直ちに是正しなければなりません。

組織内で通常化している「緩み」の是正は、難しいことです。先輩や今その仕事に携わっている職員が間違っていると、批判することになるのですから。しかし、あなたが気付いたときに是正しないと、どうして防げなかったかが問題になり、組織としての管理能力に疑問符が付けられます。コーポレート・ガバナンス（企業統治、corporate governance）の欠如と呼ばれるものです。組織の内部統制が機能しているのかが問われるのです。それは取りも直さず、管理職の仕事ぶりが問われているということなのです。

災害などへの備え

業務継続計画（Business Continuity Planning＝ＢＣＰ）は、災害などが起きた際に、

企業や役所が損害を最小限に抑え、仕事の継続や復旧を急ぐために事前に用意しておく計画です。

災害時の対応は、かつては、消防や危機管理部門の仕事でした。それは、地域と住民の安全を守るためのものでした。しかし、役所自体が被害を受け、通常業務ができなくなることが、問題になるのです。大きな被害を受けても住民サービスを続けられるように、あるいは早急に復旧できるように、前もって準備しておくことが求められています。

東日本大震災や熊本地震でも、役場庁舎が使えなくなり、書類がなくなったり取り出せなくなったりしました。さらには、首長や幹部職員が亡くなったり、行方不明になったりということもありました。そんなときも、いえそんなときこそ、住民を守り、生活を取り戻すために、役場の業務を急がなければなりません。災害時には、住民は役所を頼るしかないのです。被災者支援のために、平常時にはない多くの業務が必要になります。災害が起きた際に慌てるのではなく、あらかじめ手順と分担と優先順位を決めておく必要があります。

「私の所は、災害が起きない場所だから」という考えは、甘いです。千年に一度の津波が押し寄せ、安全と思われていた地域でも地震や豪雨災害が起きています。他の地域で起きているような災害があなたの町で起きたとき、「想定外でした」といった言い訳は許されません。

第11講の教訓

- 「これまでこうだったから」という考え方は許されません。また、隠し事は必ず明らかになると思って対応しましょう。
- 職場での法令違反を防止し、見つけたら直ちに是正することが、あなたの役割です。

第**12**講

情報の取り扱い

近年、難しくなった職場の課題に、情報の取り扱いがあります。

一方で情報の公開を義務付ける制度があり、他方で情報の保護を求める制度がありま す。そして、電子機器やインターネットの発達によって、情報漏洩やサイバー攻撃などのリスクが増えました。

情報の保管と公開

私が役所に入った頃は、「行政文書の取り扱い」と言っていた分野です。その頃は、紙の文書を前提として、受け付け、回覧、起案、決裁、保存といった手続きを、職員に教えることが主でした。その後、注意すべき内容が大きく変化しました。

すなわち、役所にとって必要な文書をどのように作成し、保存するのか、あるいは破棄するか。保存するとしたら何年か、ということです。ここに書いた「役所にとって」とは、「今の職員にとって」ではありません。「現在と将来の国民や住民に説明責任を持つ役所」と「将来の職員」のためにも必要な文書という意味です。

その記録を、国民や住民とどのように共有すべきか、あるいは共有してはいけない場合はどのような場合か、といった課題が大きくなりました。また、パソコンやインターネット、電子メールが普及して、電子情報を含めた「文書」や「情報」の管理が、質量共に大きく変化しました。より難しくなったのです。

情報公開制度は、国民や住民が行政機関が持っている情報の公開を求めることができる制度です。地方自治体の条例で始まり、その後、国においても法律（情報公開法）が制定されました。

公開に応じるために、日ごろからきちんとした資料の作成と保管をしておく必要があります。紙の文書であった時代は、文書分類表やキャビネットでの保管が重要でした。しかし、電子媒体での文書のやりとりが進むと、文書分類表やキャビネットでの保管だけでは、十分ではなくなりました。

また、あったはずの文書がない、重要な文書が廃棄されていた、廃棄したはずの文書が残っていたというような、不適切な事務処理が問題になりました。議会や国会で追及され、マスコミでも大きく取り上げられます。あなたは、「文書のことなんて些細《ささい》なことなのに、どうして騒ぐのか」と思っていませんか。それは、大きな思い違いです。問題にされているのは、役所の仕事そのものなのです。その仕事の適否を国民や住民に説明するものが、文書なのです。

あなたの職場では、きちんとした取扱規則が作成されていますか。職員は、それに従った扱いをしていますか。特に、職員がパソコン上で扱っている文書は、課長席から見えにくく、常に職員にその扱いの重要性を教えておかないと危険ですよ。

個人情報保護

個人情報保護制度は、本人の同意を得なければ、個人に関する情報を第三者に提供することを制限するものです。プライバシーを守るとともに、個人番号などを第三者に知られ悪用されることを防ぐためです。

ドメスティック・バイオレンス（ＤＶ）事件で、被害者が逃げている先の住所を、元配偶者にうっかり知らせてしまった事例もあります。逃げていた人が殺されるという事件になりました。それも、住民票を扱っている課ではなく、税金や福祉を扱っている部局への問い合わせが悪用されたのです。

東日本大震災の際にも、苦慮しました。仮設住宅団地での避難者の孤立を防止するために、見守り活動を行うことにしました。ボランティアたちがその作業を買って出てくれたのですが、避難者の年齢や家族構成の情報を渡す必要がありました。これはまさしく個人情報です。「個人情報保護条例の適用除外にしてほしい」との要望がありました。しかし、このような個人情報を一般的に明らかにすることは危険です。悪用されかねません。

関係者が、知恵を出してくれました。市町村役場が、しっかりしたＮＰＯ（非営利団体）に見守り活動を委託します。その際に結ぶ委託契約で守秘義務をかけて、それらの個人情報をＮＰＯに渡すことにしたのです。

また、これらの情報を扱う際には、保管方法を厳重にするとともに、課内でも関係者以外が見ることができないようにすることが必要です。

情報セキュリティー

近年、問題事例が多発しているのが、情報漏洩です。それを防ぐために「情報セキュリティー」が課題になっています。企業や役所が持っている秘密にすべき情報が、外部に漏れないようにすることです。

文書には、内容に応じた秘密の格付けを行い、その区分に応じた取り扱いをしなければなりません。

漏洩事故は、職員が書類を持ち出してうっかり外に忘れる場合や、盗難に遭う場合などがあります。紙の書類のほか、情報の入ったパソコンやＵＳＢメモリーを置き忘れる場合もあります。電子データは、小さな媒体に多量の情報を保管できるので、特に危険です。送ってはいけない相手先に、秘密書類を電子メールやファクスで送ってしまったという失敗もあります。

また、インターネット上の失言や悪ふざけが、大きな被害をもたらします。アルバイト店員が悪ふざけをしてツイッターに写真を投稿したら、「炎上」してしまい、店が閉店に追い込まれた例もあります。匿名でつぶやいても、誰であるかが分かってしまうのです。昔も、若者が悪ふざけをして大人に叱られていました。ところがインターネット上では、悪ふざけは直ちに日本中に、いえ世界中に広がるのです。「ご近所デビュー」でなく、一気に「世界デビュー」になるのです。しかも、いったんインターネットに載ると、消せません。職員に徹底してください。

サイバー攻撃への備え

サイバー攻撃への備えも必要です。政府機関を狙った攻撃が相次いでいます。不用意に悪質なメールを開くと、不正なプログラムに感染して、大変なことになります。

あなたのパソコン内の情報が盗まれるだけでなく、役所内の情報が流出します。さらにあなたのパソコンが乗っ取られて、他者へのサイバー攻撃に利用されるのです。私用の携帯電話やパソコンで、行政機密に当たる情報をやりとりすることも、やってはいけません。

便利になったが故に危険も増し、被害も一気に広がります。組織として、情報機器やシステムのセキュリティー機能を高めるとともに、職員の意識を高める必要があります。各省庁では毎年、職員に偽メールを送るという訓練もしています。これに引っ掛かる職員もいます。自動車を運転する際には、教習の受講と免許が必要です。情報機器の操作にも、それと同じような研修が必要です。

「世間には2種類の組織がある。サイバー攻撃をすでに受けた組織と、攻撃されたことにまだ気付いていない組織だ」という冗談もあるそうです。攻撃も、どんどん巧妙になっています。事故を完全に防ぐことは、不可能でしょう。そこで、引っ掛かったときに、早く気付くことや、即座の対応方法を教育しておく必要があります。

リスクへの備え

技術の進歩でどんどん便利になり、それが危険を生みます。リスクとは、いつ、あなたの組織に起きても不思議ではない危険だと考えましょう。

覚えなければならないことが増えていきます。かつては、必要でなかった研修が必須となります。新聞などを読んで、世界で起きている職場のリスクについて、最新の情報を得ておきましょう。さまざまな場面を想定して、必要な準備と訓練をしておく必要があります。

もちろん、あらゆる知識、最新の情報を持つことは不可能です。しかし、職場で起こったことが問題であるかどうかを判断する程度の知識を持ち、問題だと思ったら誰に連絡し相談すればよいかを想定しておくことが、管理職に必要な素養です。

他方で、いくら立派な計画やマニュアルを作っても、守られていないと役に立ちません。しかも、専門部局の職員だけでなく、すべての職員が意識しておかなければなりません。日ごろから研修や訓練をして、いざというときに機能するようにしておきましょう。

それだけの備えをしても、想定外の事態は起きます。しかし、他の自治体や会社で前例があったり、世間では常識になったりしている対処方法ができないようでは、管理職として失格です。

繰り返し言いますが、「私のところは大丈夫」という思い込みは危険です。

日進月歩の職場の課題

これまで取り上げた「職場管理の知識」の多くは、近年に大きな問題になってきたものです。

一方で電子機器や情報通信が発展し、他方で社会の意識が変化することによって、気を付けなければならないことが増えました。セクハラやパワハラ、個人情報保護と情報公開、パソコンを扱う際の情報セキュリティーなどは、かつてはなかった、あるいは問題にならなかったことです。「私の若い時は……」は、通用しません。

しかも多くは、この20年の間、すなわち管理職のあなたたちが就職して以降に課題になったものです。また、急速に変化しています。例えば「パスワード」です。この言葉と仕組みが広がったのは、最近です。かつては、暗証番号と呼ばれていました。最初は4桁の数字でした。銀行の現金自動預払機ではまだ使われていますが、誕生日など一定の数字は使えなくなりました。パソコンなどのパスワードは、最近では8桁以上、そしてアルファベット大文字小文字と数字の組み合わせを求められます。さらに、一定期間で変更することも求められます。同一のパスワードの使い回しも危険です。

職場管理や人事行政と呼ばれる世界も、技術や意識において日進月歩で変化しています。管理者には、このように次々と生まれてくる知識や新しいリスクへの対処が求められます。知っておかなければならない知識が増えています。そこには、「職員として知っておかなければならないこと」「課長として職員に指導しなければならないこと」「問題が起きてしまった場合の対処法」の三つが含まれています。

職員研修

覚えなければならないことが増えることで、職員研修の時間と回数も、かつてに比べてはるかに多くなっています。そこには、次の三つの分野が含まれています。

一つ目は、職場の事務手続きです。文書作成、決裁手続き、出張や旅費の申請、休暇取得など、たいていの職場で共通なものです。近年はそれに、パソコンの使い方が加わりました。

二つ目は、業務に関する知識です。徴税、福祉など、それぞれの職場の専門知識です。

三つ目が、リスクへの備えです。これも近年、必要性が認識され、充実されてきました。

職員に、これらの研修に参加させることも重要です。職員の休暇や病気などとともに、研修による「離席」も念頭に置いて、業務の計画を立てなければなりません。

「仕事は見て盗め」とか「私も見よう見まねで覚えたから、あなたも自分で苦労しないと身に付かないわよ」といった時代ではありません。業務の手引や引継書を充実させることと、研修が重要になっています。

あなたが新しい情報を集めて勉強するとともに、職員にどのように研鑽を積ませるかを考える必要があります。

第12講の教訓

- □ 個人情報の取り扱いは要注意。
- □ 文書、特に電子媒体の保管と廃棄に気を付けて。
- □ 新しいリスクが次々と出てきます。新しく覚えなければならない知識が増えています。自ら勉強し、職員を教育するとともに、対応策を考えておきましょう。

第13講

問題職員への対応

困った職員への対応についても、お話ししましょう。

今、課長として苦慮している方もおられるでしょう。第3章の職員の指導でお教えした「褒めて育てる」「明確に指示を出し、役割を認識させる」ことを続けても成績が上がらず、他の職員の邪魔になってしまう職員がいます。

問題職員

優秀な職員になるために努力してきたあなたにとって、出来の悪い職員や、やる気のない職員は、想定外ですよね。

「なんで私が、あんな奴の面倒を見なければならないのか」と愚痴を言いたくなるかもしれません。研修でも、良い職員の育て方について触れられることはあっても、問題職員への対応方法を教えてもらうことは、少ないのではないでしょうか。

第9講で見たように、勤労意欲のない職員は、全体の2割はいると考えましょう。これはある程度仕方がないと割り切る必要もありますが、その中でも困るのが、職場に迷惑を掛ける問題職員です。問題職員にはさまざまな人がいますが、代表的な例は次のような人でしょう。

- とても能力が低くて仕事ができない。
- 上司の指示を聞かない。仕事をしない。
- 身勝手に振る舞ったりして、職場を混乱させる。
- 感情の起伏が激しく、気に入らないことがあると出勤しなくなる。
- 職場でインターネットやスマートフォンに熱中し、仕事に身が入らない。
- セクハラやパワハラを繰り返す。

明確な指示と記録

仕事を進める際に、職員に指示を出し、工程表を作って管理するとお教えしました。問題職員に対して必要なことは、彼になすべき仕事を明確に認識させることです。

その職員と会話し、「○○日までに、××を仕上げること」「あなたに指示している仕事は××である」と、仕事を明確に指示します。この××を具体的に、できれば紙に書いて示さなければなりません。そして、途中途中で報告を求め、催促するとともに、足りない点を指導しなければなりません。最低限の仕事をしてもらうのです。面倒ですが、その経緯を記録しておくことも必要です。

できて当然の仕事ができていない場合は、その理由を聞き、またその事実を記録しておきましょう。期末の評価を告げるときや、今後の処遇について人事課に相談する際にも、具体的な事実が必要です。なぜD評価を付けたかを説明するために、本人に具体的に「○月○日に指示をした××の仕事、ここに写しがありますが、あなたはこの指示を期日までに達成できませんでしたよね」と確認します。

人事課に相談する際にも、これを示しましょう。抽象的な「彼は仕事ができないのです」では、人事課も次の対策を立てることができません。

増えている心の病

職場には、心の病を抱えている人もいます。

一般職の地方公務員（警察、消防、教員を除く）のうち、２０１７年度に1月以上の期間、精神および行動の障害のため勤務していない長期病休者は、約1万６００人（職員の約1・4％、長期病休者総数の約半数）です。

公務員だけでなく国民全体で増えているようです。しかも、近年急増したのです。国民全体の中での精神・行動の障害者数は、15～59歳で、１９９９年には1・4％であったものが、２００8年には2・3％になっています。地方公務員にあっては、精神・行動の障害者は全職員のうち、１９９６年度には0・2％（１９４２人）だったものが、２００8年度には1・1％（９１６１人）まで増加しました。その後は、ほぼ横ばいです（「地方公務員健康状況等の現況」総務省、地方公務員安全衛生推進協会）。その原因が、仕事によるものか、家庭の事情か、それ以外の事由なのかは分かりませんが、いずれにしろ大きな問題です。

職場でのメンタルヘルス

仕事や職業生活に関して強い不安・悩み・ストレスを感じている労働者は、全体の60％もいます。その理由は、仕事の質と量が54％、仕事の失敗や責任の発生が39％、対人関係が30％です（「平成29年労働安全衛生調査」厚生労働省）。また、２０１５年3月までの5年間に、一般職の地方公務員で精神疾患として公務災害認定を受けた59件の要因は、長時間労働25件、暴力を受けるなどの異常な出来事17件、住民との関係10件、パワハラやセクハラなど職場の対人関係7件となっています（「地方公務員の過労死等に係る公務災害認定事案に関する調査研究」総務省）。

これらを前提にして、職員の健康状態に注意する必要があります。そして、職員に症状が出る前に、対応しなければなりません。

その悩みについて相談できる人がいるという人は、91%です。相談相手は、家族や友人が85%、上司や同僚が76%です。相談して、悩みなどが解消された人は32%ですが、解消されなかったが気が楽になった人が60%います。話を聞いてもらうと楽になります。これだけでも、大きな効果です。

特定のクレーマーへの対応など外部からの要因が疑われる場合は、早急に組織としての対応を取ることが必要です。それ以上に、職員のストレスは、労働時間の長さとともに、上司や職場環境に原因がある場合があります。あなたや職場の雰囲気が、知らず知らずのうちに、職員に重圧を掛けているかもしれないのです。気を付けましょう。職員の異常に、早く気付きましょう。

人事院のホームページに「国家公務員とメンタルヘルス―管理監督者のためのガイドブック」が載っています。参考にしてください。

あなた一人で悩まない

勤務実績が良くない場合や心身の故障のために、その職務の遂行に支障があるなどで、分限処分を受けた地方公務員はたくさんいます。２０１６年度では、心身の故障が約２万４０００人（免職24人、降任26人、休職２万３９０８人）です。勤務実績が良くない場合が31人（免職14人、降任17人）、職に必要な適格性を欠く場合が72人（免職20人、降任52人）です。残念ながら、これだけの人が、その職に必要な適性がないと判断されたのです。

指導したり処分したりするのは面倒だからと問題職員を放置しておくと、住民や納税者に対して説明ができません。また、周囲の職員の意欲に悪影響を与えます。国にあっては、内閣人事局のホームページに「成績不良者の能力・意欲向上マニュアル」があります。参考にしてください。

出来の悪い職員に対し指導を続けても、改善がないときもあります。あなたの指導が不十分な場合もありますが、本人に改善意欲がない場合もあります。あなたの指導では改善されないと思われたら、人事課と相談しましょう。あなた一人の手には負えないときもあるでしょう。心身の病気を抱えている場合は、適切な治療が必要です。仕事に必要な能力に欠けるときは、分限処分をしなければなりません。人事課に報告し、相談しましょう。

第13講の教訓

- □ 問題職員には、させるべき仕事をきちんと、時には紙に書いて指示をします。指示したことができていないときは、その事実を確認します。何ができなかったかを記録します。
- □ 職場での心の健康は大きな問題です。職員の状況を把握しましょう。
- □ 手に負えないときは、人事課と相談しましょう。

第**14**講

職場慣行の変化

職員の働き方について、注意しなければならないことを取り上げます。近年、役所での仕事の仕方は、大きく変わりました。そして引き続き、大きな変化の中にあります。職場の常識が急速に変わってきています。「これまで通り」が、通用しないのです。あなたも、この変化の渦の中にいます。それを認識して、仕事をする必要があります。職場の常識が変わったことを、職場慣行と職員の意識の変化から説明しましょう。

長時間労働は悪

労働者の勤務上の権利については、あなたも習ったでしょう。労働時間や休暇制度などです。しかし、出世する過程で、あなた自身はそれらを十分に意識したり主張することなく、あるいはそれを返上して働いてきたのではないでしょうか。サービス残業はどれくらいしましたか。年休はどれくらい取得しましたか。その多くを使うことなく、翌年に繰り越したのではないでしょうか。あなたが、自らの判断でそのような「過度な労働」をしたのは仕方ないとして（それも、今となっては誇れるようなことではありませんが）、同じことを職員に求めてはいけません。

あなたの課では、職員は何日くらい年休を取っていますか。あなたは、何日取りましたか。労働時間の制限や各種の休暇制度など、労働者として認められた権利を、職員が行使できるように配慮しなければなりません。また、それによって不利な取り扱いをしてはいけません。職員が気兼ねすることなく権利を行使できるような、職場の雰囲気をつくらなければなりません。

例えば、あなたが「私の若い頃は、毎日のように遅くまで残業し、休日も出勤したものだ」といった発言をします。あなたは、経験談や武勇伝として後輩たちに伝えたいのでしょうが、部下職員たちは、「課長は私たちにも、長時間残業を求めているんだ。早く帰ったらいけないんだろうな」と思うかもしれません。「家庭を顧みずに仕事に打ち込んだものだ」という発言も同様です。この部分については、私は特に反省しています。もっとも、途中で気が付いて、改めました。

現在、国を挙げて働き方改革に取り組んでいます。かつての「長時間労働は良いことである」「家庭を犠牲にしてでも、職場に尽くすべきだ」という常識は、今では「長時間労働は悪である」「仕事も家庭も両立させるのが良い社会人だ」と反転しつつあります。働き方について、革命が起こっているのです。若いときの感覚で、職員に長時間労働を求めるようでは、あなたは管理職として失格です。

休暇にも、年次休暇や病気休暇のほか、産前産後休暇、育児休業、子どもの看護休暇、介護休暇などがあります。近年できたものとして、男性の育児参加休暇や、裁判員裁判に出席するための休暇もあります。「仕事が忙しいときに、そんなの引き受けるなよ」と文句を言ってはいけません。そのようなこともあると想定して、仕事の計画を立てましょう。

忙しい時期には残業も必要です。しかし、なるべく計画的に仕事を進めることや、仕事の仕方を効率化することで、残業を減らしましょう。その差配ができるのは、課長であるあなたです。

男女共同参画と多様な人材育成

次に、男女共同参画や多様な人材育成についてです。

かつての役所は、男性優位の職場でした。女性職員の仕事は、極端に言えば保健師（昔は保健婦と呼ばれました）など専門職のほかは、補助業務が主でした。政府は女性登用比率に目標を掲げていますが、なかなか達成は難しいです。採用時の比率は目標に近いのですが、一定の職場経験が必要になる管理職登用になると、これまでそのような養成をしてこなかったので、すぐには増やすことができないのです。

しかしこれも、これからは意識して職員育成と人事異動を行うことによって、増加するでしょう。女性には、出産という男性にはない機会を持つことがあり、その間に業務を離れざるを得ないことによって、不利益を被ることがあります。それを、職場の理解と家族の協力によって、補っていかなければなりません。

障害者雇用も、目標を立てて進めています。高齢者の再雇用も始まりました。これらの職員は、幾つかの制約によって、仕事の能率が低い場合もあります。しかし、障害者や高齢者のいない職場は、もう想像ができません。みんな、大切な構成員です。彼ら彼女らも、職場で活躍することを望んでいます。

障害者や高齢者の雇用を機に、職場の在り方や仕事の進め方を考え直す良い機会です。これまで当たり前と思っていた仕事の仕方を、それで良いのか再検討するのです。すると、変なところが見えてきます。そのような職員を迎えることになったら、先行事例を聞いて、どのようにしたら彼や彼女の能力を活用して、仕事を進めることができるかを考えましょう。

ワーク・ライフ・バランス

このような職場の変化の基礎にあるのは、ワーク・ライフ・バランス（仕事と生活の調和）の意識です。

政府は、これを「国民一人ひとりがやりがいや充実感を感じながら働き、仕事上の責任を果たすとともに、家庭や地域生活などにおいても、子育て期、中高年期といった人生の各段階に応じて多様な生き方が選択・実現できる社会」と定義しています。

日本の職場では、今、働き方の革命が起きているのです。長時間労働の削減やワーク・ライフ・バランスが求められるようになったのは、職場での過労死や精神的な不調を防ぐためだけではありません。仕事中毒とまで言われる働き方や、家庭を犠牲にしてまで働くことがおかしいこと、間違ったことだと気付いたのです。

多くの職場での働き過ぎは、稲作を基礎とした日本人の勤勉性の上に、戦後復興期と経済成長期に培われた「長時間労働は良いことだ」「働けば働くほど成果が上がる」という意識によってつくられたものだと私は考えています。当初は一部の企業や役所の幹部や幹部候補生に見られた傾向が、社会に広がったのです。「企業戦士」と呼ばれ、「24時間働けますか」（当時、流行になった栄養ドリンクの宣伝です）とあおられました。

確かに、長時間働くほど成果が出る職場もありました。他方で、成果がはっきりと数字で測ることのできない事務系の職場では、長時間労働や家庭を犠牲にしていることが、仕事の評価や組織への忠誠心を示す指標として使われたのです。また職員も、出世のために長時間労働と滅私奉公を競ったのです。

しかし、労働時間の長さは、必ずしも成果には比例しません。それどころか、諸外国に比べ日本のホワイトカラーの生産性の低いことが指摘されるようになりました。長時間働いているのに、成果が上がっていないのです。そして、過労死や心の不調の問題が大きくなってきました。成果が出ないのに、健康を害してまで働く。それは、二重におかしなことです。

職員意識の変化

仕事や職場についての、職員の意識も変わりました。

かつては、仕事第一という考えが原則でした。家庭や私生活を犠牲にしても、仕事と職場を優先することが、当然と考えられていました。そうでない職員もいたのですが、それを明言することははばかられました。

しかし、今は、ワーク・ライフ・バランスが掲げられるようになり、仕事第一は原則ではなくなりました。また職員も、職場に遠慮することなく、事情によっては私生活を優先することができるようになりました。

もう一つ、近年の職場の変化が、職員の意識を変えています。それは、各職員がパソコンで仕事をするようになったことです。職員が一緒に作業をする機会が減りました。すると、お互いの仕事の様子が、分かりにくくなったのです。

かつては、各職員から報告がなくても、何をやっているかが周囲から見えました。先輩や同僚が気が付いて、助言をすることもできました。しかし、パソコンに向かっていると、一人ひとりが個室に入っているのと同じです。課長からも、職員の仕事ぶりが見えにくくなりました。これは職員の意識というより、無意識のうちの変化といった方がよいでしょう。この点は、課長補佐や係長と共に気を配らなくてはなりません。

昔の職場で育ってきたあなたも、本講で挙げたような変化に、思い当たるところがあるでしょう。これまでの常識が通じないこと、それを強要してはいけないことを念頭に置いて、職員と接しなければなりません。

第14講の教訓

- □ あなたが仕事人間で出世してきたとしても、部下に同じことを求めてはいけません。
- □ ワーク・ライフ・バランスを念頭に、職員に接しなければなりません。
- □ 職場慣行と職員の意識が大きく変化しています。かつての常識が通じないことを念頭に置いて、職員を指導、管理しなければなりません。

コラム❹

男たちのムラ社会の終わり

私が公務員になったのは昭和53年（1978年）です。それから40年がたち、日本の職場文化も大きく変わりました。それを体験した私にとっては、革命的とさえ思えます。

かつては、職場での飲み会や運動会、旅行なども盛んでした。職員みんなで参加する行事は、私も楽しみでした。冠婚葬祭も、職場が大きな役割を担いました。

昭和の日本は、多くの日本人が、農業から会社勤めに移った時代でもありました。農村を離れて会社に入った人たちは、その人間関係を職場に持ち込みました。祭りや冠婚葬祭など、村人が一緒になって行う行事を、形を変えつつ職場に持ち込んだのです。故郷を離れた人たちは、近くに頼るべき人や親族がなく、職場は第二の「ムラ」として機能しました。それを「ムラ社会」と表現しました。会社もまた、職員を「家族」として扱いました。「○○一家」です。

人によっては、そのような「縛り」は窮屈なものでした。しかも、それは男が中心の、ほぼ男だけの共同体でした。家族にとっては、良い面と困った面があったことでしょう。

しかし、時代とともに、そのような濃密な人間関係を嫌がる人も増えました。職場の運動会や旅行などの機会も減りました。職場への帰属意識も、低くなりました。

職場は「男たちの共同体」から「ワーク・ライフ・バランスに支えられた仕事場」へ変わりつつあるのです。役所も同じです。

私は、この変化は良いものだと考えています。職場は、ある目的を達成するために作られた組織です。職員にとっては、業務を提供し、給料をもらう場所です。生きがいを満たす場でもありますが、身も心も尽くす場所ではありません。

職場は、人生のそして毎日の暮らしの一部です。重要な一部ですが、私生活や家庭を犠牲にするのは行き過ぎです。

第5章

組織を動かす

第15講

あなたは船長

第2章で職員の事務の管理を、第3章で職員の指導をお教えしました。しかしそれだけで、課の仕事がうまく進むわけではありません。

職員に指示を出す前に、あなたの課では何をしなければならないかを考え、指示を出さなければなりません。また、あなたが指示を出しても、職員がその通りに動くとは限りません。あなたは、職員を動かし、課に与えられた任務を達成しなければなりません。

第5章では、課という組織を動かす術、そして成果を出す方法をお教えします。

課の目標設定

　あなたが、一つひとつ指示しなくても、職員たちは、それぞれの仕事に取り組みます。では、それらを足して積み上げれば、あなたの課は求められた成果を達成できるか。そうなるとは限りません。

　重要な事業が置き去りにされ、優先度の低い事務が進んでいるとか。無駄なことに時間をかけていて、肝心の仕事が進んでいないこともあります。職員はしばしば、重要であっても難しい仕事を後回しにします。いえ、重要な仕事ほど、前例通りに処理できず難しいので、「他の仕事を片付けてから手を着けるか」と、後回しにされてしまいます。あなたにも、経験があるでしょう。

　みんな日々忙しくしているのですが、振り返ってみると、重要な仕事だけが進んでいないと気付くことは、ままあることです。そのような事態に陥らないためには、わが課はこの1年間で何をしなければならないか、そしてそれを誰がどのように進めるかを考えなければなりません。それは、課長の仕事です。

では、あなたの課がこの1年でやり遂げなければならないことは、何でしょうか。あなたも毎日、日々の仕事の処理に追われて、忙しいでしょう。すると、全体像を眺めることがおろそかになります。『明るい公務員講座』第2章第4講で、来週するべきことを前週に書き出しておくことや、抱えている課題を一覧表にすることをお教えしました。日々の仕事の進行管理は、それでできるでしょう。

しかしその前に、あなたの課が1年間に達成しなければならない仕事を書き出し、整理する必要があります。そこには、定例の業務もあれば、初めての企画もあるでしょう。それらを書き出し、目標を設定しなければなりません。

あなたもする自己申告

あなたの課が取り組むべき業務の一覧と優先順位、そして目標は、あなたが一人でゼロから考える必要はありません。昨年の実績、前任者からの引き継ぎ、上司からの指示などを基に検討します。それらを踏まえて、普段から考えていることを、紙に書くのです。書くことで「見える化」ができ、足すべきものや確認しなければならないものが明らかになります。

その出発点となるのが、期首に行う目標の自己申告です。第10講で人事評価について述べた際に、課長が職員の自己申告を確認することを解説しました。あなたもまた、上司に目標を申告し面談を受けます。通常、4月と10月の2回です。それが、あなたの課が処理するべき業務を考える機会です。

あなたが考えた課の目標を上司と相談し、「来年度はこのような業務を、このような優先順位で行おうと考えています。部長はどうお考えですか」と確認します。

その際、定例業務は、あなたからのボトムアップで議論することになるでしょう。一方、役所の大目標から下りてきた課題については、部長からのトップダウンで議論されるでしょう。もちろん、あなたから案を示しましょう。大目標をあなたがどれくらい理解しているか、上司に知ってもらわなければいけません。また、方向性が違えば指示してもらわないと、後で面倒です。上司が気が付いていない点、特に実務面での意見もあるでしょう。あなたの考えを上司に述べる、そして上司と考えをすり合わせる良い機会です。

日ごろの忙しい仕事から少し離れて、そして長期的な視野で、自分の仕事を再確認してみましょう。期首面談と年間目標は、上司も一緒になって検証してくれるのですから、ありがたいことですよね。

上司の了解が取れれば、あなたも自信を持って仕事を進めることができます。

あなたの目標が課の仕事の起点

責任者としての課長の仕事は、課の目標を決め、その工程を考え、職員に指示を出すことです。

かつての役所では、「法令で決められたことを処理すればよい」「前例通りにやっていたらよい」という風潮もありました。このような環境では、職員は前任者からの引き継ぎ通りに仕事をし、課長は部下からの決裁が上がってくるのを待っていても、仕事は進みました。おそらく社会全体が大きな目標を共有していて、その遂行過程では大きな変化や競争の必要がない時代だったのでしょう。まことに牧歌的な時代でした。

しかし、役所は、目標を達成するための経営体です。首長の掲げる目標があります。そして新しい課題が発生し、その解決を住民が役所に期待します。それらを達成するために各課はあるのですから、役所の大目標を分解して、それぞれの課に目標が与えられるべきものです。そして、あなたは、その与えられた目標を達成しなければなりません。あなたが自己申告に挙げる「取り組むべき業務」は、役所の大目標を達成するために「割り当てられた部分目標」のはずです。

それを、さらに職員たちに割り振ることで、各職員の仕事の目標が明らかになるはずです。あなたが作る目標は、あなたが部下に任務を説明する際の基となるものであり、あなたの課の仕事を進める上で、なくてはならないものです。各週に書き出す「各係の来週の仕事」は、あなたが上司と相談した業務目標を基に、作られているはずです。

各職員の目標設定の前に、課の目標があり、課の目標の前に役所の目標があるはずです。課の目標なしに各職員の目標があるのは、おかしいです。「前例通り」「去年通り」の仕事の仕方は、課の目標を検討することなく、各職員が自分勝手に目標を作っていることになります。この「おかしさ」の中で、前例通りの仕事が行われていたのです。

職員に役割を認識させる

あなたは、年度の初めや職員が異動してきた際に、課の政策体系や仕事の一覧を示して、職員たちのそれぞれの役割を確認する、ということをしていますか。

職員たちに、各自の仕事が、役所や課の中でどのような位置付けにあるのかを理解させる必要があります。自分の役割や使命が明確になることで、職員はやる気が上がります。上司とも相談して作った課の業務一覧を職員に示し、「これがわが課が抱えている仕事で、そのうち、これがあなたの担当する仕事だ」と説明します。

年度初めに行う職員との面談とともに、職員が異動してきたときにも、その職員が担うべき役割と仕事を確認する必要があります。もちろん、職員の間で引き継ぎをしているでしょうが、あなたも関与しなければなりません。責任者として、職員間の引継書を確認することです。

あなたは、各職員の引継書を確認していますか。不足している場合は、加筆を指示していますか。「そんなことは職員に任せてある」という人も多いのではないでしょうか。各職員に任務を認識させるために、期首面談とともに、いえ、それ以上に引継書の確認は重要です。前任者と後任者の署名入りで「次のように引き継ぎました」と報告させ、上司が写しを保管するべきです。

課の全体目標を設定し、それを分解して職員に割り振る。その仕事は、職員には任せることはできない、課長の仕事です。

あなたは船長

あなたの課を一つの船と例えるなら、あなたは船長です。その船が向かう方向を決め、どの航路を進んで、いつまでに次の港に着くのかを船員に指示します。船員たちは、あなたの指示を待っています。

ここで見えてくるのは、課長はある分野の事務の専門家ではなく、全体の戦略を考える専門家であり、人を使う専門家でなければならないということです。職員の時は一人で成果を出せばよかったのですが、課長になったならば職員を使ってチームで成果を出さなければなりません。

そして、あなたは責任者です。難しい仕事の場合、そしてうまくいかない場合に、職員は愚痴を言っていれば済みます。課長はその愚痴を聞くとともに、成果を出さなければなりません。預かった職員で、成果を出すのです。

年度末には、あなたは部長の評価を受けます。あなたの課は、目標を成し遂げたか否か。あなたが職員の評価をするのと同じように、今度はあなたが実績評価を受けます。あなたの実績評価は、あなたの課の実績評価でもあります。職員と一緒に長時間の残業をしたとしても、成果が上がっていないのなら、残念ですがそれは無駄だったということです。職員に対して、申し訳ないことにもなりますよ。

第15講の教訓

□ 上司と面談して、あなたの課の仕事の目標を決めます。それは役所の大目標を分解して、あなたに割り振られた部分目標です。それが、職員の仕事の割り振りの起点になります。

□ 年度初めや職員が異動してきた際に、職員に課の政策体系と目標を示して、それぞれの役割を示しましょう。期首面談と引継書が、その際の道具です。

第16講

課長が決める

第2章の事務の管理で、課長と職員との違いを、指示、確認、添削の三つに分けて説明しました。そこで分かったことは、「課長は職員と同じことをしてはいけない」ことと、「力量の差は（職員と対抗するのではなく）別のところで示す」ということでした。より重要な課長の力量の見せ場は、第15講でお話しした「課が向かうべき方向を職員に示すこと」です。そしてもう一つ、同じくらい重要な見せ場があります。それが「課長が決めること」です。

良い例が、「働き方改革」です。あなたの職場に、長時間残業をしている職員はいませんか。職員は、無駄な作業に時間を費やしていませんか。どうすれば改革できるか。それは、課長であるあなたが、職場の仕事の仕方を変えることで実現します。

課長の役割、それは仕事の内容について「方向性を示す」こととともに、やり方を

「決める」ことです。

働き方改革は仕事の見直し

どうしたら長時間労働がなくなるか。

残業を禁止したら、その目標を達成できるでしょうか。そのようなことをすれば、期日までに作業が完成しないとか、手抜きが行われるといったことが起きるでしょう。あるいは、自宅に持ち帰って作業をするといった「副作用」が出るでしょう。「労働時間短縮」や「働き方改革」は、号令をかけるだけで、進むものではありません。仕事の仕方を変える必要があります。労働時間短縮に取り組んだ会社は、事務作業を見直し、変えることで成功しています。

あなたの職場での仕事の仕方は、先輩たちが築き上げてきたものであり、長年の経験の中で出来上がったものです。それなりに合理的だったはずです。しかし、いつの間にか、それでは求められるだけの能率が上がらなくなったのです。これを克服するために、これまでの仕事のやり方を変えなければなりません。

残業を命じているのは課長であり、無駄な作業をさせているのも課長です。職員が無駄な作業をしていることや職員の残業が続くことは、課長の責任なのです。

では、仕事をどのように見直すか。

これは難しいですね。それぞれの業務には必要性があり、簡単にはやめたり簡素化することはできないと思えます。あなたも職員たちも、これまでの仕事のやり方が身に染み付いていて、どこがおかしいのかにさえ気付けないのです。

ここで一度、あなたの斜め後ろに、もう一人のあなたを置いてみて、あなたの今を再確認してみましょう。「それで良いのかい？」と。自分の課の仕事の問題点は見えにくいですが、他の課の問題点は見えるでしょう。他の課のつもりで、少し距離を置いて、見つめ直してください。前任者や先輩たちに意見を聞くことも、参考になります。「いやあ、私もおかしいと思っていたんだけど、やめられなくてねえ……」とか、助言をもらえますよ。

減量と流儀の効率化

今、取り組んでいる仕事を、どうすれば効率よくできるか。それには、二つの方法があります。

その一は、抱えている仕事の量を減らす「業務の減量」です。そこには、それぞれの事務について簡素化すること、例えば調査票の項目を削減するような「簡素化」と、課内の事務のうち、優先順位の低い事務をやめる「事務の廃止」があります。

その二は、仕事のやり方を効率化する「仕事の流儀の効率化」です。日々の仕事について、職員にどのように作業をさせれば効率的にできるか、そのためにはどのような指示を出すのがよいのかを見直します。

役所の仕事には、法令により決められた事務も多く、廃止することができないものもあります。しかしそれらの事務も、その二の「流儀の効率化」はできます。

この二つの見直しの過程で、課長の役割が再確認されます。

その一の業務の減量は、課長が考えて決断しないと進みません。職員が考えてくれるといいのですが、職員に任せるとやりたくないことをやらなくなるだけで、合理的な減量にはならないでしょう。そもそも職員が勝手に業務をやめたら、それは単なる職務怠慢です。

その二の流儀の効率化は、まずは「職員にすべて任せてある」という考え方を変える必要があります。課長がどのような指示を出し、職員に何を任せるのか。係長に仕切らせるのはどこまでか、どこまで来たら課長の判断に移すのかなど。仕事の流儀の効率化は、煎じ詰めれば日々の業務の中での課長の役割の見直しです。

業務の減量と仕事の流儀の効率化は、課長の肩に掛かっています。もちろん、あなた一人で悩むのではなく、職員の意見を聞いて、また、上司と相談して進めるものです。

あなたは課長の仕事をしているか

単刀直入に質問しましょう。

あなたは課長として、職員の仕事の進め方を管理していますか。さらには、職員の勤務時間を実質的に管理していますか。

「仕事は職員に任せてある。いちいち指図はしない。それが良い課長だ」と思っていませんか。「A君は進んで残業をして、難しい仕事を片付けてくれている。彼は優秀な職員だ。見込んだだけのことはある」と、長時間残業を高く評価していませんか。

「職員は、前例通りに仕事をしてくれる。私は、決裁が上がってくるのを待てばよい。職員が困ったら相談に来るから、そのときに話を聞いて、必要な意見を言えばよいだろう」と、毎日を過ごしていませんか。残念ながら、それでは課長の職責を果たしていることにはなりません。

かつての日本的経営は、事前に時間をかけて職員の同意を取り付けておく、そして決まったら全員が一丸となって取り組むことが長所でした。コンセンサスの重視です。その典型が、部下に任せることでした。しかしその流儀は、時に効率の悪さを生みます。状況が変わったのに、昔ながらの仕事が続けられます。そして方向が定まらない場合には、迷走します。そのような場合は、課長が目標と段取りを決めなければなりません。それをせず、部下に任せているのは、課長の職務怠慢、「名ばかり課長」です。

第2章でお教えしたのは、課長と職員の違いであり、課長がなすべきことでした。課長が課長の仕事をすれば、課の作業が効率的になるのです。

業務の効率化には、仕事の流儀を変えなければなりません。「部下に任せてある」から、「課長が指示を出し、課長が決める」へ、です。

ボトムアップ型とトップダウン型

仕事の進め方に、ボトムアップ型とトップダウン型とがあります。前者は、担当職員の意見や作業を尊重し、上司がそれを受け入れるやり方です。後者は、課長が指示を出し、職員がそれに従って作業をするやり方です。

簡単な課題や前例通りにできる作業なら、ボトムアップ型でよいのです。しかし、前例がない場合や当てはまる手本がない場合、そして課題自体を把握しなければならないような場合は、上司が方向や結論を考えて職員に指示を出す必要があります。あるいは、担当者と議論して処理の方向性を決める必要があります。

役所では、ボトムアップ型で管理しようとする上司が多いようです。幾つかの職場では、法令に従い前例通りにする仕事が多いことが、この習慣をつくっているのでしょう。

民間企業の場合は他社との競争があり、新しい商品を出すことや同じ商品でもより安く作ることが必要ですから、これまで通りにしていては負けます。そのために、上司が先頭に立って新しいアイデアを考えます。勝ち残るためには、おのずとトップダウン型になるのです。

これに対し、役所は「地域独占企業」なので、同業他社との競争がありませんでした。しかし、住民からの要求が多様になり、他団体との比較や競争にさらされる場面が多くなりました。住民サービス、産業振興、住みよいまちづくりなどなど。かつてのように、職員は国の指示に従って仕事をする、前例通りに仕事をする。そして課長は、部下から報告が上がってくるのを待つ。そのような仕事ぶりでは務まらなくなりました。

課長としては、「前例通りでよい」として職員に任せる課題と、それでは進まない課題を区分し、後者は自ら考え動かなければなりません。どの課題をトップダウン型にするか。それを決めるのは、課長であるあなたです。

効率的な議会答弁案作成

役所での代表的な非効率の例として、議会答弁案の作成を、仕事の進め方の観点から考えてみましょう。私は、次のようにしていました。

まず、出てきた質問を、答弁案作成の困難さから分類します。いつものように、松、竹、梅に分けてみましょう。

1．梅。その問いに似た前例があって、過去の答弁を使い、数字などを更新すれば使える場合。

この場合は、指示を出すまでもなく、担当職員が、前例を参考に答弁案を作ってくれます。私の役割は、「××の例の通りだね」と確認することです。

2．竹。その問いについて、方向が同じような前例があったり、すでに議論していて対応方針が定まっていたりする場合。

この場合は、担当者と議論して、参考にすべき前例などを選択し、方向を示して、答弁案を作成してもらいます。気の利いた職員が、すでに原案を書いてくれているかもしれません。

3．松。これまでにない新しい問いで、しかも重要な事項についての質問の場合。

これまでにないことを聞かれた場合は、案を誰に執筆させるかを決め、その職員に執筆の方針について指示を出します。あるいは職員を呼んで、私が口述する内容を書き取ってもらいます。担当者と方向の二つを決めないと、作業は進みません。重い問題になればなるほど、誰も作業に入りません。それを決めるのは、上司の役割です。

「部下がどのように処理するか考えるのを待つ」といった上司もいるでしょう。しかし多くの場合、質問が判明してから答弁案を作るには、時間的余裕がありません。国会や議会での答弁案作成は多くの場合、委員会の前日に質問の要旨が判明し、その日のうち、あるいは翌日早朝に、大臣や知事に説明しなければなりません。あなたが課長なら、部長の了解を得る必要がある場合もあるでしょう。職員に任せておくと、関係者の帰宅時間は遅くなります。

あなた一人で決められない場合

中には、課長や部長のみでは答弁内容を決めることができない場合もあります。その場合は、大臣や知事や市長と方向や結論を相談してから答弁案を作成する、あるいは二つの案を作って相談することもあります。

役所には、俗に「自分の玄関先を掃き清める」という表現があります。答弁案作成を拒否し、その課題を他の課に掃き寄せる＝押し付けるのです。しかし、拒否して関わらないことが、良い上司の仕事ではありません。

特に手間がかかるのは、幾つかの課にまたがる質問です。その場合も、どの課が書くのか、あるいはどの課が取りまとめるのかを、関係者の間で決める必要があります。

それも上司の役割です。職員に任せておくと、押し付け合いが続き、いつまでたっても帰宅できません。

さらに、答弁案作成を押し付けられた課は、自分たちの責任だと思っていないので、嫌々ながら書いてきます。出てきた答弁案は内容が空疎で、とても知事や市長に見せることができない、恥ずかしいものになる恐れがあります。その答弁を読むのは、知事や市長です。その人たちが満足して、堂々と答弁できるかどうかが、答弁案の良し悪しの判断基準です。そして早く作って帰宅する、自分だけでなく職員を帰宅させることも重要です。

課長としてはそんなものに責任が取れない、という気持ちも分からないではありません。しかし、組織の幹部としてはいかがなものでしょうか。

大臣や知事、市長の立場に立つと、関係者間での押し付け合いは、無駄でしかありません。答弁案作成を押し付け合っている、逃げ回っている幹部の評価は、おのずから定まります。

積み上げでなく割り付け

さて、仕事を早く片付けるコツの話です。

仕事の処理は、個別の作業の積み上げでなく、目標からの割り付けだと考えることです。

目標には、「内容」と「締め切り」の二つがあります。内容についての効率的な方法は、第2章で、指示、確認、添削の手順でお教えしました。もう一つ重要なのが、時間の観念です。

工場で製品を組み立てる場合に、丁寧に作業したつもりでも、標準時間の倍の時間がかかっているなら、その作業は無駄でその職員は無能です。それと同じように、資料を作る際に、標準的な作業時間の倍の時間をかけていては駄目です。仕事を指示する際には、締め切り日を職員に指示しましょう。

小学校の授業を、思い出してください。算数の計算問題用紙を1枚与えられた場合は、誰もが早く終えてしまおうと、すぐに手を着けるに違いありません。やるべきことと成果目標が明確なのです。他方で課題が作文の場合は、何について書くのか、どれくらいの分量にしたらよいのか、悩んでしまいます。主題を決めて書き始めても、いつまでに書き終えればよいのか分かりません。しかしそれが、授業時間中に提出しなければならないものなら、その間に終わらせようと思いますよね。そして、完成していなくても、時間が来れば提出しなければなりません。

今、あなたが抱えている仕事は、計算問題を1枚仕上げることですか、作文を書くことですか。前者ならさっさと片付け、見直しをして早く提出しましょう。後者なら締め切りを決めて、その時間内に終わらせましょう。どちらの種類の仕事なのかを決め、さらに後者なら入れるべき要素と締め切りがいつなのかを決めて、職員に指示するのが課長です。職員が仕上げた仕事が不十分な場合、8割の出来上がりであなたが引き取り、あなたが手を入れて完成させましょう。

結論。「働き方改革」は、仕事の見直しです。事務のどこを簡素化するのか、どの事務を廃止するのか。それを決めるのは課長です。効率化するために、仕事の流儀を変えましょう。それは、課長が指示を出し、途中で確認し、添削すること。時には自分で書くことです。あなたの仕事ぶりを変えることで、「働き方改革」が実現します。

第16講の教訓

- □ 働き方改革は、課長の責任です。
- □ 職員任せでは進まない場合があります。仕事の流儀を変えなければなりません。課長の出番はどこかを考えましょう。課長が指示をし、課長が決めることで、仕事が効率化します。
- □ 仕事は作業の積み上げでなく、目標からの割り付けと考えましょう。そして、内容の方向と締め切りを指示しましょう。

コラム❺

総理大臣秘書官の答弁案作成術

総理大臣秘書官を経験すると、各省や自治体での答弁案作成作業、特に押し付け合いが、何ともちっぽけなことで、「かわいく」見えます。失礼ですが、そんなことをしている課長たちが、そのように見えるのです。

衆議院と参議院の本会議や予算委員会。前日の夕方から、相当の数の総理への質問通告が出ます。数が多いだけでなく、分野も外交・安全保障、経済対策、子育てや社会保障、地域振興、総理の政治姿勢など、万般にわたる質問です。

直ちに、どの省が案を作成するか、複数にまたがる場合はどの省が主担当になるか、あるいは各省に任せず総理大臣秘書官が作成するか、分担を決め、作業に入ります。各省に関わる問いは、どうしても作成と調整に時間がかかり、深夜に及びます。

しかも、各省各課の都合ではなく、総理が国会で答弁するにふさわしい内容にしなければなりません。そして、超多忙な総理が一目見ただけで理解し、自分の言葉で語れるような文章にする必要もあります。国会の場では、日本中の人が注目する中で、外交に関する質問の次に、全く違う地域振興や社会保障の質問が出て、それに責任を持って答えなければならないのですから。

しかし、秘書官の作業の基本は「総理の立場に立って作ること」であり、「国民が見ている」「後世の人から評価を受ける」ことを念頭に置いて行うことなので、難しいことではありません。特に、他部局との権限争いとか責任の押し付け合いといったことを考える必要はありませんから、その点では能率は良かったです。

第17講

あなたは課長一年生

第2講で、まずは嫌われない課長を目指しましょうと、お教えしました。そして前講までで、課長の役割と仕事の術をお教えしました。これらを習得するとともに、次は尊敬される課長を目指しましょう。

職員たちは、あなたの仕事ぶりとともに、あなたの立ち居振る舞いを見ています。

職員は信頼で動く

課長は、自分で作業をするのではなく、職員に指示を出して作業をさせます。人を動かすのです。相手を動かすためには、理解してもらい、やる気になってもらわなければなりません。

課長という「権限」だけでは、職員たちはついてきません。あなたが「指示」をすれば、職員たちがその通りの仕事をするとは限りません。嫌々ながらの服従では、良い成果は出ません。信頼に支えられた自発的行動が、良い成果を生みます。

命令ではなく説得です。第8講で、山本五十六元帥の言葉を紹介しました。「やって見せ、言って聞かせて、させてみて、褒めてやらねば、人は動かじ」。上官の命令が絶対だった旧軍隊でも、そして名将と言われた提督でも、このように気を使ったのです。

あなたは、まだ駆け出しの課長です。新米課長の実力は、ベテラン課長に比べて劣ります。しかし、職員たちはそのような課長でも、ついてきてくれているでしょう。少々の失敗をしても。それは、「この課長なら、ついて行こう」と思ってくれているからです。その信頼を大切にして、自信を持って進みましょう。

部下はあなたを見ている

職員たちは、あなたを見ています。「この課長は信頼できるか」「この課長についていけば大丈夫か」とです。

部下から信頼される課長になるためには、仕事に通暁すること、良い判断をすること、そして人格者になることが必要です。とはいえ、そんな簡単にはなれませんよね。

職員たちは、あなたのどこを見ているのでしょうか。悪い課長の例は、第2講で示しました。そのようにならないことは当然として。あなたは、次のような点を見られています。

- 職員に的確な指示を出しているか。
- 判断は迅速で的確か。
- 悩んだときに相談に乗ってくれるか。
- 庁内で、意見を通してくれるか。そのために、その上司である部長や、庁内外の関係者に信頼があるか。

これら、仕事の能力とともに、人間性も重要な要素です。

・誠実に仕事に励んでいるか。
・服装や立ち居振る舞いが良いか

『明るい公務員講座』第5章を、もう一度読んでください。

悩んだことが役に立つ

課長職に必要な能力は、職員とは違うとお教えしました。しかし、あなたが職員時代に経験したことは、役に立ちます。

まずは、うまくできたことです。成功体験は、あなたの財産であり自信になります。

もちろん、いつもその通りに進むとは限らないので、その成功を一つ覚えにしてはいけません。

失敗したことは、もっと役に立ちます。「こうしてはいけない」と、分かっているのですから。

この『明るい公務員講座』シリーズは、私の数々の失敗の上に成り立っています。偉そうなことを言っていますが、その通りにできなかった恥ずかしいことだらけです。だけど、その失敗で学んだからこそ、このように皆さんに助言ができるのです。先輩たちもそれぞれ悩んで、それを乗り越えました。もし、失敗を知らない優秀な幹部がいたら、後輩がなぜ失敗しているか、理解できないでしょう。それでは、親身な助言や指導はできません。

一人で悩まない

判断に迷うことも起きます。困った事態にも直面します。そんなときは、一人で悩まずに、先輩や上司に相談して、指導を仰ぎましょう。「課長だから、人に聞くのは恥ずかしい」なんて、格好をつけてはいけませんよ。

「こんなことを相談したら、評価が下がる」と思うことはありません。早めに相談に来てくれると、上司もありがたいのです。

私は若くして、県の課長になり、部長になりました。事務処理、特にそれまで経験の多かった財政分野については自信がありましたが、新しい分野、新しい職場、そして部下をたくさん持つことについては、未熟者でした。

鹿児島県庁の課長に赴任したときは、前任者たちが毎日のように様子を見に来てくれました。新米課長が心配だったのでしょう。「近くを通ったので、寄ったよ」というふりをしておられましたが。私は分からないことだらけで、いろいろ相談できてありがたかったです。

富山県総務部長になったときは、毎日一度は出納長（かつて副知事の次に置かれた職。第二副知事と考えてください）の部屋に行き、四方山話をしながら相談をしていました。また経験豊富な課長が、しばしば世間話に来てくれました。『明るい公務員講座』第1章第1講で、「あいさつしていると言われて評判良いですよ」と上手に指導してくれたUさんもその一人です。

改まって仕事の相談に行くのではなく、気軽に話を聞いてもらいました。その方が話をしやすかったです。さまざまな助言をいただきました。私が問題ないと思っていた判断を、正されたこともありました。指摘されないと、気が付かないことです。雑談の間に挟んで指導してくださったので、私も傷つくことなく納得することができました。これが、呼び出されて指摘を受けたなら、私も緊張し、要らない反論もしたでしょう。

一人で仕事をしない

さて、有能なあなたに忠告です。あなたは仕事ができるので、課長に昇任しました。しかし、仕事ができる課長が陥りがちな失敗が二つあります。

一つは、「みんなも私と同じくらい仕事ができるはずだ」と、職員に過度な期待をすることです。これについては、本書で何度か注意しました。

もう一つは、「私は仕事ができるから、課長に抜擢された。こんなことで弱音を吐いてはいけない」と、自分に厳しく当たることです。そして、仕事を抱えてしまうことです。

課長は課の責任者です。職員がみんなでわいわい仕事をしていることに比べ、課長はその課には一人しかいません。そして、重い仕事を任されています。そう考えると、課長は孤独です。しかし、あなたは一人で仕事をしているのではありません。

まず、課にはたくさんの職員がいて、課長補佐や係長があなたを支えてくれています。悩んでいることがあれば、相談しましょう。課長が仕事をしているのではなく、課の職員が一団となって仕事をしているのです。

次に、課長には同僚がいます。職員の人事の悩みなら、人事課長に相談しましょう。また、新しい企画についてなら、企画課長や財政課長に相談に乗ってもらいましょう。

相談できる先輩がいるでしょう。そして、あなたには上司がいます。部長に相談に行きましょう。

『明るい公務員講座』第1章第2講でお教えした「一人で悩むな」は、課長にも当てはまります。独り相撲をとってはいけません。あなたは、組織で仕事をしているのです。

あなたは発展途上

課長は、職員双六の上がりではありません。あなたが有能な職員であり、課長に抜擢されたとしても、まだ課長一年生です。ここから、管理職としての勉強が始まります。

課長に昇任したからといって、突然に課長の能力が身に付くわけではありません。「私はできる課長だ」と過信してはいけませんよ。一般的な事務処理能力は職員より上でしょうが、その課の業務については、経験豊富な職員の方が、知識も経験も上の場合も多いです。前任者からの引き継ぎだけでは、分からないことも出てきます。その場合は、彼らの意見に耳を傾けましょう。彼らに聞いてみましょう。それは、決して恥ずかしいことではありません。

私が新任地で初めて課長になる際に、先輩が助言をくれました。「全勝君、3カ月は黙って仕事を見ていろ」と。

もちろん、必要なときに課長としての行動をしなければなりませんから、全く黙っているということはありません。しかし、「まずは様子を見て、話を聞け」という助言だと理解しました。

努力しないと良い職員にならないのと同じように、課長も漫然と過ごしているだけでは良い課長にはなりません。あなたが良い職員になれたのは、あなたの努力と上司や先輩の助言によるものでしょう。新米課長が良い課長になるためにも、同じことが言えます。良い目標となる先輩を見つけましょう。困ったときに相談に乗ってくれる先輩を作りましょう。

そして、少しでもその先輩に近づくように努力しましょう。あなたを課長に昇任させた上司たちも、あなたの成長を期待しています。

第17講の教訓

□ 職員は信頼で動きます。あなたが威張っているだけでは、職員はついてきません。

□ 職員はあなたの仕事の能力とともに、立ち居振る舞いを見ています。

□ 新米課長は、努力によって良い課長に成長します。一人で悩まず、先輩に相談しましょう。

本書のまとめ

目指せ、いつもニコニコ明るい上司。

・課長が職員と同じ仕事をして、競争してはいけません。大きな青虫ではなく、チョウに脱皮しましょう。

・職員は資料を相手に、課長は職員を相手に仕事をしています。課長職は接客業と心得ましょう。

・話を聞いてあげることで職員は安心します。風通しの良い職場をつくりましょう。

課長の役割は、事務の管理と職員の指導です。

・職員に指示を出し、途中で確認し、職員の案を添削することで、仕事を管理し職員を指導します。

・職員の指導は、北風より太陽で。むちより褒めることで、人は動きます。

・職員全員が、あなたほど仕事に熱心なわけではありません。それを前提に指導します。

社会と職場は急速に変化しています。

・新しい仕事やリスクが増えています。勉強を続けましょう。

・職場慣行と職員の意識が大きく変化しています。かつての常識は通じません。

・働き方改革のためには、仕事の流儀を変えます。課長が指示をし、課長が決めることで、仕事が効率化します。

あとがき

本書は、若手職員向けの『明るい公務員講座』、中堅職員向けの『明るい公務員講座　仕事の達人編』に続く、管理職向けの『明るい公務員講座　管理職のオキテ』です。

指導者論は、司馬遷『史記』やヘロドトス『歴史』から現代まで、変わることのないテーマです。そして、政治家から野球の監督まで分野を超えて、また会社の社長から課長まで上下を通じて、尽きることのない悩みです。

あなたも、日々悩んでいるのではないでしょうか。優秀な部下がいる一方で、仕事の遅い部下もいます。そして、思うように進まない業務……。やってみると分かりますが、端から見ているより、課長って大変ですよね。

指導者論は、たくさんの本が出版されています。あなたも幾つかは読んだことがあるでしょう。ところが、これらは勉強にはなりますが、仕事では直ちには役に立ちません。私たちの仕事は、世界や社会を変えるような世紀の大改革ではありません。ありふれた事務の積み重ねという日々の業務であり、多くはすでに決められたことの処理です。英雄や天才たちとは、悩みの種類が違うのです。

指導者（リーダー）と管理者（マネジャー）の役割は違います。そこで、本書では、歴史上の偉人や有名経営者に学ぶ指導者論ではなく、皆さんの役に立つ管理職の仕事の仕方を述べました。今回も、重要だけれど本には書かれていないこと、しかし経験者ならたいてい身に付けている基本をお話ししました。

管理職は、できる職員の延長にあるのではありません。また、先輩たちを見て、見よう見まねで身に付けるものでもありません。基本的な能力と心構えが必要なのです。それは、そんなに難しいものではありません。先輩たちも、やってきたことです。それらを体系的に説明し、管理職の教科書となるようにしました。

本書に書いたのは、課長としての基本です。さらに上を目指す人たち向けに、できる管理職に必要な技能は、第4巻でお教えしましょう。

平成31年3月

岡本全勝

本書は時事通信社『地方行政』の連載を元に加筆修正の上、再構成してまとめたものです。

【著者紹介】

岡本 全勝（おかもと・まさかつ）

1955年、奈良県生まれ。東京大学法学部卒。自治省入省。

富山県総務部長、総務省交付税課長、内閣総理大臣秘書官、自治大学校長、東京大学大学院客員教授、復興庁事務次官、内閣官房参与などを歴任。

主な著作に『東日本大震災 復興が日本を変える―行政・企業・NPOの未来のかたち』（2016年、ぎょうせい）、『明るい公務員講座』（2017年、時事通信社）、『明るい公務員講座 仕事の達人編』（2018年、時事通信社）、など。日々の活動をウェブサイト「岡本全勝のページ」（http://zenshow.net/）に掲載中。

明《あか》るい公《こう》務《む》員《いん》講《こう》座《ざ》 管《かん》理《り》職《しょく》のオキテ

2019年４月25日　初版発行
2021年２月11日　第３刷発行

著　者：岡本 全勝
発行者：武部 隆
発行所：株式会社時事通信出版局
発　売：株式会社時事通信社
〒104-8178　東京都中央区銀座 5-15-8
電話03（5565）2155　https://bookpub.jiji.com/

装丁　大崎奏矢
本文DTP　一企画
編集担当　坂本建一郎
印刷／製本　藤原印刷株式会社

ISBN978-4-7887-1615-5　C0031　Printed in Japan

時事通信社刊

明るい公務員講座

岡本 全勝 著　四六判　２４８頁　本体１５００円＋税

役人の「仕事作法」初の書籍化！

公務員生活38年、事務次官（トップ）がすべて公開。

☆スムーズな仕事のために⬇「ドタバタするより工程表」

☆読みやすい書類づくり⬇「項目は３つまで」

☆仕事の管理⬇「80点を目指せ」

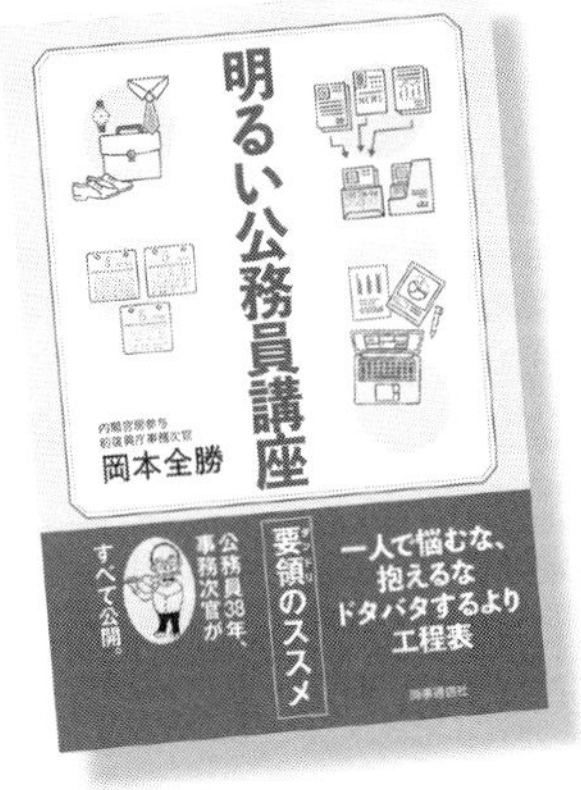

明るい公務員講座　仕事の達人編

岡本 全勝 著　四六判　２１２頁　本体１５００円＋税

伝授！　全勝流「働き方改革」！

経験を積み、技能を磨いて、上の職位を目指すためにはどうすればよいか。

- 仕事には「能率」と「質」がある。
- 職場の３大無駄は、①会議、②資料作り、③パソコン。
- 考える力、判断力、決断力は日々の仕事を通じて養われる。